英語の壁
The English Barrier

マーク・ピーターセン

まえがき

　日本語を学習する我々英語圏の人間にとって、上達の手ごたえを日々感じるのは１年目までではないだろうか。日常的な挨拶が交わせるようになり、買い物に必要な簡単な言い回しはマスターできた。ところが、その次の段階である日本語としてきちんとした会話を目指すとなると、「壁」に突き当たった気持ちを抱きかねない。「２年目のジンクス」である。

　構造的にも感覚的にも、日本語と英語は大きくかけ離れているので、ついギブアップしたくなってしまう。また、読み書きの方では、易しい漢字のレベルでも、皆けっこう同じように見えてしまう。「矢・失」や「氷・永」、「札・礼」など覚えられない、と思い込んでしまいがちである。漢字という文字を大きな壁だと感じて、日本語学習を諦める人すらいるのである。

　が、そこで諦めずに頑張り続けると、あることに気づく。

　「そうか、あれは『壁』ではなくて、単なる"慣れ"の問題だったのか」

　同じように、英語のことを大きな壁だと感じている日本人も少なくないようだ。誠にもったいない。英語は日本語と同じく、大勢の人間が何百年もかけて作り上げた言葉な

ので、たしかに複雑な面もあるかもしれない。しかし、だからこそやってみると刺激的で面白いことが多いのではないだろうか。

　本書では、「英語が英語圏ではどのように使われているか」「日本では英語が一般の日本人にどのように誤解されているか」「英語と日本語の間に横たわる文化的違いをどう受け止めればよいか」などの問題を、具体例を通じて著してみた。この一冊で「英語の壁」など粉砕できる！　とまでは申さないものの、日本人が英語を学習する時に脅威に感じているその「壁」に、小さな風穴でも開けることができれば、と思っている。

目次 | CONTENTS

まえがき ……3

I　不思議なアメリカ、謎のニッポン

「バカ息子」のバカさ加減 ……10
趣味の問題ではあるけれど ……14
教科書検定と歴史的事実 ……18
「忠誠の誓い」今とむかし ……22
そうだ、英語にしよう ……26
日英新聞タイトル比較 ……30
「批評」なき新聞を批評する ……33
「英語が苦手」のウソ、ホント ……36
一葉に抱いた恋心 ……39
あっぱれな話術 ……42
困った「作戦」 ……49

II　あやしい英語とまがいものの日本語

どうやってつなげるか ……58
世界一簡単な英語の本 ……62
「ナイスミドル」から逃れたい ……66
「てめえたちの英語は…」 ……70
英語教育のかなしみ ……74
私は何も知らない ……78
ウソだろう、ウソでしょう ……82
神話の力 ……86
リアリティ・ギャップ ……90
異文化との遭遇 ……94
「固定観念」は手強い ……101
「乳離れ」は難しい ……109
「なぜ日本人は英語が下手なのか」 ……117

III　英語と日本語のあいだに

D・キーンの明治天皇伝 ……124
もしも英語が話せたら ……128
アメリカの古典芸能 ……132
上質な「皮肉」の妙味 ……139

名台詞を味わう ……147
「俳句的感性」 ……155
何事も「関心」から ……162
浮気性 ……169
「言い回し」あれこれ ……176
「日本人」としての自覚 ……184
中華料理はしみじみ旨い ……189

インターネット英語講座

Arts & Letters Daily ……196
The Internet Movie Database(IMDb) ……199
Corby's Table ……202
Sake World ……205
epicurious ……208
Rotten Tomatoes ……212
The Online Books Page ……215
Presidency 2000 ……218
Audiophile Audition / Top 10 Christmas Albums ……222
Earth & Sky ……226
Encyclopedia Britannica Online ……230
The Complete Bushisms ……233

I 不思議なアメリカ、謎のニッポン

「バカ息子」のバカさ加減

 2000年のアメリカ大統領選挙の時、ブッシュ・ジュニアがいかに外交問題に関して無知であるかがかなり話題となった。中でも特に面白いと思ったのは、彼のこれまでの海外訪問の回数より、チェイニー副大統領がこれまで起こした心臓発作の回数の方が多いという指摘である(具体的には、4対3で発作の勝ちだった)。アメリカの地理すら把握していないのが明白なこの男が大統領に就任した後、皮肉にも、大きな外交問題となる「対米同時多発テロ事件」が起こってしまった。

 もちろん、そもそも共和党の元老の操り人形として立候補した「バカ息子」が大統領になっても、自分の判断で物事を決めているわけではない。ブッシュはただ、言われた通りにしているだけである。しかし、それにしても、あまりにもおかしな発言を毎日のようにするので、私は、日本に住むアメリカ人の一人として恥ずかしくなる。

 一例を挙げれば、大統領が、「天使の歌声」の持ち主として有名になったソプラノ歌手、シャルロット・チャーチ (Charlotte Church) という当時15歳のウェールズ出身の少女に会った時の話がある。彼女がウェールズから来たと紹介されると、ブッシュは、本人に向かって "So, what state is Wales in?"（でぇ、ウェールズって、何州にあるんだったっけ？）と訊いたそうだ。シャルロットちゃんの話によると、自分から "Umm, it's a separate country next to England."（ええと、一つの国で、イングランドの隣です）と大統領に説明すると、彼が "Oh, OK."（オォ、了解）と言うので、自分は一体、何と言えばいいのかわからなくなったという。結局、彼女は、大統領に会った印象を「あたしはクリントンの方がよかったわ」とまとめたそうである。

おそらく、世界の指導者たちも、彼と話すとき、絶句することがあるに違いない。英国のブレア首相との会談で、ブッシュは「ここだけの話」としてこんなことを言った。

"The problem with the French is that they don't have a word for 'entrepreneur.'"（フランス人はな、企業家〔entrepreneur〕という言葉を知らないから困るよ）

言うまでもなく、"entrepreneur" という英語は、フランス語からの外来語である。

あるいは、カナダのケベックで the Summit of the Americas という南北アメリカ首脳会議が開かれた際、終了後の記者会見でブッシュは、ある質問に答えるつもりはないということを強調するために、"Neither in French nor in English nor in Mexican."（フランス語でも、英語でも、メキシコ語でも〔答えません〕）と断わって記者

たちを呆れさせてしまったこともある（そこには、メキシコも含めて中南米のスペイン語圏諸国からの記者が大勢いたので、一層恥ずかしい発言だったのだ）。

また、その直後、スウェーデン訪問の際、ブッシュ大統領が "Africa is a nation that suffers from incredible disease."（アフリカは、とんでもない病気で苦しんでいる国です）と言ったのも話題となり、ブラジル大統領の米国訪問の際には、"Do you have blacks, too?"（あなたの国にも黒人がいるのですか）と訊いて、カルドーゾ大統領を驚かしてしまったという。

「大統領はイラクとの戦争を考慮していますが、決定は下していません」といつも決まりきった回答を繰り返すばかりだったブッシュのアドバイザーたちは、その当時、対イラク攻撃を無理にでも正当化する論拠を必死に探していたようである。イラク戦の情勢を心配している日本の友達に「ブッシュは今後、どう出る気だろう？」と訊かれたが、どう答えればいいのかちょっと迷ってしまった。

まず、「ジョージ・W・ブッシュという人物は、クリントンのような才気走った男ではなく、本来なら、せいぜいカントリークラブのカリスマ支配人として成功する、といった程度で、米国大統領になるはずなどなかったのだけど」と釈明しておき、彼自身は何一つ決めていないことも強調する。そして、一つの大きな問題は Condoleezza Rice（コンドリーザ・ライス）であることも説明する。「ラ

不思議なアメリカ、謎のニッポン

イス米大統領補佐官」という50ちかいこの黒人女性は、15歳でデンバー大学に通い始め、20歳ではもうノートルダム大学の修士号をとった、という大変優秀な人なのだが、考え方が超保守的なのである。黒人の女性が共和党を支持することだけでも不思議な現象なのだが、彼女の「反動的な思想」は、自分と違って、いつまで経っても貧困のままで、努力して出世しようともしない黒人に対する近親憎悪によるものとしか思えない（そういった傾向は黒人の男性であるパウエル国務長官にもまったくないとは言えないが、彼女ほど極端ではない）。

　確かに、"There's no bigger task than protecting the homeland of our country."（最大の仕事は、我が国の母国を守ることだ）と発言するような大統領には、やはり頭のいい国家安全保障担当の補佐官くらいは必要だろうが、その役割を果す人が、たとえば、イラクとの戦争の是非に関して"There is a very powerful moral case for regime change. We certainly do not have the luxury of doing nothing."（政権交代させることは道徳的に十分弁護できることです。なにしろ、私たちには何もしないなどという余裕はないんです）と発言しているのを聞くと、恥ずかしさより、怖さが先に立ってしまう。

趣味の問題ではあるけれど

　私が勤めている大学の教授会で、同僚が面白い「辛口書評」を見せてくれた。村上春樹の新作『海辺のカフカ』（新潮社・上下）を対象にした『週刊朝日』（2002年10月25日号）の「まっとうな本」という欄であった。かなり批判的な評だったが、簡単に言えば、評者の不満は「登場人物の行動やセリフが全く理解できない」点にあったようだ。評者によると、「父を殺し、母と姉と交わる」と予言をされる少年が主人公であるこの作品では、

　「母らしき人物と姉らしき人物が出てきて、予言と同じように少年と『交わる』らしい行動をする。『らしい』というのは、いくら読んでも、そこに現実感が伴わないからである。……どの人物の行動も、唐突でかつ説得力は皆無である」のに、「小説の中で称揚されているカフカの作品は、もっと現実離れした世界を描いているが、無慈悲なほどに明快である。……現実とは別の論理を持った世界が存在していることを読者に伝える術をカフカは知っていたからである」

というのだ。村上春樹の小説の良し悪しを論じるのは、明らかに趣味の問題である。私自身は、たとえば、もし彼の短編の冒頭で、

不思議なアメリカ、謎のニッポン

「善也(よしや)は最悪の二日酔いの中で目を覚ました。懸命に目を開けようとするのだが、片目しか開かない。左のまぶたが言うことをきかないのだ」(短編集『神の子どもたちはみな踊る』〈新潮文庫〉所収の表題作より)

という文章に出会えば、自分の人生と関係があるようで、そのまま読み続けるのだが、

「片桐がアパートの部屋に戻ると、巨大な蛙(かえる)が待っていた。……『ぼくのことはかえるくんと呼んで下さい』と蛙はよく通る声で言った」(同短編集所収「かえるくん、東京を救う」より)

というような文章に出会った場合には、とりあえずこれを読まないで飛ばしておく、という感じだ。もちろん、逆の反応をする読者もきっと大勢いることだろう。

面白いことに、英訳に関しても、同じような趣味の問題があるようだ。長年、村上春樹の小説にはアルフレッド・バーンバウムという決まった翻訳家がいた。私の趣味から言うと、その人の英文はがさつで素人くさくて、読む気のしないものだったのだが、1991年あたりから、優れた和文を優れた英文に訳せるジェイ・ルービンという人が英語圏での「村上文学」の新しい紹介者になった。私にとって、これは嬉しいことだった。

ところが、米国の *The Chronicle of Higher Education* 紙(『大学教育新聞』)を読んでいたら、全く反対の意見が述べられたエッセイが載っていてビックリさせられて

しまった。筆者の *Wendy Lesser*(ウェンディ・レーサー)は「あたしの大好きだったアルフレッド・バーンバウムはどこへ消えたの?」と嘆いていたのだ。そして、いかにバーンバウム訳の方がよかったのかを証明するために、『ねじまき鳥クロニクル 第1部 泥棒かささぎ編』(新潮文庫)の冒頭の英訳を例にあげている。原典はこうだ。

「台所でスパゲティーをゆでているときに、電話がかかってきた。僕はFM放送にあわせてロッシーニの『泥棒かささぎ』の序曲を口笛で吹いていた。スパゲティーをゆでるにはまずうってつけの音楽だった。/電話のベルが聞こえたとき、無視しようかとも思った。スパゲティーはゆであがる寸前だったし、クラウディオ・アバドは今まさにロンドン交響楽団をその音楽的ピークに持ちあげようとしていたのだ」

彼女は英語しか読めないインテリなので、当然原文はどんなものなのかわからないのだが、比較した英文は以下の通りである。まず、ルービン訳:

"When the phone rang I was in the kitchen, boiling a potful of spaghetti and whistling along with an FM broadcast of the overture to Rossini's *The Thieving Magpie,* which has to be the perfect music for cooking pasta./I wanted to ignore the phone, not only because the spaghetti was nearly done, but because Claudio Abbado was bringing the London

Symphony to its musical climax."

そして、これに対して、バーンバウム訳：

"I'm in the kitchen cooking spaghetti when the woman calls. Another moment until the spaghetti is done; there I am, whistling the **prelude** to Rossini's *La Gazza Ladra* along with the FM radio. Perfect spaghetti-cooking music.／I hear the telephone ring but tell myself, ignore it. Let the spaghetti finish cooking. It's almost done, and besides, Claudio Abbado and the London Symphony Orchestra are coming to **a crescendo**."（太字筆者）

彼女が好むこのバーンバウム訳は、たとえ誤訳の"**prelude**"（プレリュード；正しくは、"overture"）と"**a crescendo**"（あるクレッシェンド；正しくは、"its musical climax"）を直したとしても、まだ、現在形で口語的過ぎるし、全体としてわざとらしく砕けている英文なので、私にはちっとも面白くない。

まったく、人の趣味は実に不思議なものである。私の敬愛する、かのジェイ・ルービン先生でさえ、『神の子どもたちはみな踊る』に収められている短編の中で、ベストを選ぶとすれば、「かえるくん、東京を救う」だという。やはり、人の趣味はよくわからないものだ。

教科書検定と歴史的事実

　4年ごとに行われる日本史の教科書検定をめぐる議論の中に、毎回けっこう不気味な発言が多く、新聞や雑誌を読んで不愉快な気持ちになることがたびたびあったのだが、それでも、アメリカに比べると、日本の方がまだまだ健康的に思われる。アメリカの場合は、50州の中で、30州は教科書選定を地区の教育委員会か各学校自体に任せているのに対して、残りの20州はそれぞれの「州教育委員会」で州全体の教科書使用許可の是非を決める（つまり、州として教科書検定を行う）、といういささか複雑なシステムになっている。地方分権的でいいじゃないか、と思われるかもしれないが、実際問題として、全国の学校向けに教科書を作る大手出版社の方針に多大な影響を与えているのは、不思議なことに、テキサス州の共和党保守派とキリスト教原理主義的保守派団体である。

　具体的に言えば、まず、販売される教科書の数がいちばん多い州はカリフォルニアであり、その次はテキサスだ。いずれも「州として検定する」方に入っているので、出版社も無視できない存在になっている。カリフォルニアの場合、州教育委員会にはこれといった偏見がなく、教科書によほど変なことが書かれていない限り、検定の段階で引っ

掛かる心配はない。つまり、カリフォルニアでは、出版社側は、優れた教科書を作れば売れるだろう、といった感じの比較的余裕のある立場になるわけだ。

ところが、南西部のテキサスはそう甘くはない。

たとえば、不合格となった二社の Environmental Science（環境科学）の教科書例をあげよう。いずれも、保守派団体に、"anti-Christian"（反キリスト教的）"anti-American"（反米的）"anti-technology"（反テクノロジー的）と批判されたのだが、問題となったのは、どちらの教科書にも「温暖化によって地球の気候が変わりつつある」ことが事実として「科学界でコンセンサスを得ている」という説明が含まれていることであった。不合格とされた２社の反応は、それぞれ違った。１社はあっさりとテキサスでの販売を諦めたのだが、もう１社（JM LeBel Enterprises）は妥協策をとった。具体的に言えば、Texas Public Policy Foundation（テキサス公共政策基金）という保守派団体と相談し、合格になるよう指導を受けることにしたのだ。

団体の指導の一例をあげてみる。まず、"Destruction of the tropical rain forest could affect weather over the entire planet."（熱帯雨林の破壊は地球全体の気候に影響を与える可能性がある）というセンテンスを "Tropical rain forest ecosystems impact weather over the entire planet."（熱帯雨林の生態系は地球全体の気候に

影響を与えることがある）と書き変えて、「destruction＝破壊」という否定的な意味をもつ言葉を消去すること。そして、こんな文章を付け加えること、"In the past, the Earth has been much warmer than it is now, and fossils of sea creatures show us that the sea level was much higher than it is today. So does it really matter if the world gets warmer?"（過去には地球が現在より遥かに暑い時があって、海洋生物の化石は、海面が今日より遥かに高くなっていたことも示している。だから、地球がこれから温暖化していっても、そんなに困ることがあるのだろうか）。続いて、"Most experts on global warming feel that immediate action should be taken to curb global warming."（地球温暖化の専門家の多くは、温暖化を抑えるよう、すぐにも活動すべきだと思っている）というセンテンスを削除すること——。JM LeBel Enterprises は、団体のこうした指導に従って、テキサス州教育委員会から合格判定をうまく引き出したのだ。

アメリカ全土の教科書の内容にまで影響力を持つテキサス州教育委員会の会長は Grace Shore（グレース・ショア）という女性の共和党員である。1997年に、テキサス州知事を務めていたジョージ・ブッシュ（ジュニア）によって委員に任命された彼女は、石油と天然ガスを産出する会社 TEC Well Service Inc. のオーナーでもあるので環境問題には当然関心が高いわけだが、アメリカ史の教科書検定を

めぐるトラブルについてはマスコミで取り上げられた。一般的には大学教科書として評価が高く、高校では大学レベルの歴史を特別に勉強する生徒だけが使う *Out of Many: A History of the American People* の不合格決定の話である。問題は、1000ページもあるその膨大な内容の中に、開拓がそれほど進んでいなかった19世紀の西部で、売春業が盛んだった、という事実が2段落にわたって説明されていることだった。『ニューヨーク・タイムズ』紙によると、グレース・ショアは不合格の理由をこう説明した。

"It makes it sound like every woman west of the Mississippi was a prostitute. The book says that there were 50,000 prostitutes west of the Mississippi. I doubt it, but even if there were, is that something that should be emphasized? Is that an important historical fact?"（まるで、ミシシッピ川以西に住んでいる女性はみんな売春婦だった、という感じじゃないですか。ミシシッピ川以西に売春婦が5万人もいたと述べられています。疑問に思いますが、たとえ本当だとしても、強調すべきことでしょうか？　歴史的事実として重要なのでしょうか？）

重要かどうかはともかく、私も知らなかった事実である。私は『ニューヨーク・タイムズ』紙のその記事を読んで、問題の2段落は面白いだろうと想像し、さっそく *Out of Many* をアメリカに注文してしまった。

「忠誠の誓い」今とむかし

　少し前のことになるが、日本のマスコミでも報道されてしまい、とても恥ずかしく思ったニュースの話をしたい。2002年6月、サンフランシスコの米連邦控訴裁判所が、「星条旗への『忠誠の誓い』」は合衆国憲法に違反する、という裁定を下したら、「全米中大騒ぎ」となってしまった。アメリカの政治家が、党を問わず、争って自分の愛国心を誇示している姿は、非常に気持ちの悪いものだった。実は、「国旗に忠誠を誓う」という妙に中世ヨーロッパ的な慣習は、世界で2カ国、アメリカとフィリピン共和国（なぜかアメリカを真似したらしい）にしか見られないそうである。本来は、公立学校で行われるこの「忠誠の誓い」は、アメリカでも、他人に強制しない限り基本的に憲法に引っかかるはずはなかったのだが、1954年に米国議会が追加した"under God"（神様のもとに）という言葉が、「宗教を是認したことになり、教会と国家の分離を定める憲法の国教樹立禁止条項の違反に該当する」と今になって判断されたのだ。

　面白いことに、「裁定は非常識だ」と騒いだ（あるいは、今も騒いでいる）アメリカ人ほど、その「忠誠の誓い」の歴史を知らない。なんといっても、「誓い」の筆者が急進

派の社会主義者だったという事実は、ほとんど知られていないのだ。

1892年のコロンブス米大陸到達400周年記念日をきっかけにして、元バプティスト教会の牧師だったフランシス・ベラミーという社会主義者が、ある雑誌の依頼に応じて、こんな「誓いの言葉」を作った。

"I pledge allegiance to my flag and to the Republic for which it stands——one nation indivisible——with liberty and justice for all."(「私の国旗と、一つにして不可分である、万人に自由と正義を保障するその共和国に、忠誠を誓う」; "one nation indivisible" という表現は、その32年前の、南北戦争勃発の直接原因にもなった「南部11州の連邦脱退」を意識したものである)

ベラミーは、この言葉の "liberty"(自由)と "justice"(正義)以外に、"fraternity"(友愛)と "equality"(平等)も本当は入れたかったのだが、両方とも「過激過ぎる」と雑誌に断わられたそうだ。いずれにしても、その雑誌は当時のアメリカで発行部数最高の *Youth's Companion*(若者の友)だったので、「忠誠の誓い」の普及はきわめて早かった。また、普及させようと努力した雑誌の目的も、単に「愛国心を養おう」ということだけではなかった。*Youth's Companion* は全国の公立学校に星条旗を販売するキャンペーンを行っており、ベラミーの「忠

誠の誓い」のお陰で、1892年には、旗を買ってくれた学校の数は2万6千校を超えた。ベラミーの目的にしても、いろいろあった。日曜日の説教で「キリストも純粋な社会主義者だった」とまで主張したりして首になった彼は、自分の思想を Nationalism と称したのだが、これは通常の「ナショナリズム」という意味ではなく、産業や土地など、アメリカ経済に直接影響を与えるものをすべて国営化 (nationalize) すべきだ、ということを掲げる主義だった。

現在、アメリカの教室では、およそ6千万人の子どもたちが毎朝立ち上がり、目を星条旗の方へ向け、右手を胸に（心臓の上に）当て「忠誠の誓い」を唱えるわけだが、当時は、右腕をナチス風に伸ばして国旗に敬礼していた。第二次世界大戦中、この習慣は当然廃止となった。

言葉もまたその間にだいぶ変えられている。たとえば、もともとの "my flag" は、現在 "the flag of the United States of America"（アメリカ合衆国の旗）となっている。これは移民の多いアメリカでは、"my flag" というと、生まれた国の旗の方かと思って忠誠を誓ってしまう子もいるかもしれない、という心配があったから変えられたのである。

また、最近問題となった "under God" が付け加えられたのは、"the Knights of Columbus"（コロンブス騎士会）というカトリック信徒の友愛組織の圧力がそもそものきっかけとなった。アメリカは当時、「神様」の存在を認めないナチズムに勝ったと思ったら、今度は「神様」の存

在を認めない共産主義と戦わなければいけなくなった冷戦の真っ只中であり、反対勢力をつくりたくない雰囲気があったので、コロンブス騎士会の圧力には抵抗しきれなかったようである。結果、アメリカ全州の公立学校の子どもたちが忠誠を誓うその対象の国は、単なる「合衆国」ではなく、「神様のもとにある」("under God"＝神様に守られつつ神様の思し召しに従う)「合衆国」になっている。

　ブッシュ（ジュニア）大統領は、言うまでもなく、この時の連邦控訴裁判所の裁定に憤慨したのだが、ブッシュ家には、似たような憤慨の歴史がある。1988年の大統領選挙では、お父さんの方も同じような義憤を効果的に使った、というのである。対立候補のマイケル・デュカキス氏が、マサチューセッツ州知事時代に、公立学校教員にも「忠誠の誓い」を唱えるのを強制する議案に対して拒否権を行使したことをやり玉にあげ、ブッシュ（シニア）は、デュカキスを「愛国心が足りない」と批判して、国民の自分への支持率を上手く引き上げた、という有名なエピソードがあるのだ。しかし、皮肉なことに、小さいときからずっと公立学校に通っていて、「誓いの言葉」をしっかり暗記させられていたデュカキスと違って、「誓い」をしない私立のエリート校でしか教育を受けたことのないブッシュは、それまではその言葉を知らなかったので、慌ててスタッフから特訓を受け、学校訪問の際に上手く唱えられるよう、練習に励んだという。

そうだ、英語にしよう

「声」、「気流」、「みんなの広場」など、新聞の投書欄は名称こそ各紙さまざまだが、内容はさほど変わらない。おおざっぱに分けてみれば、(1)世間一般の話題にのぼっている問題に対する意見、(2)身近に感じている問題に対する意見、(3)「純粋」な疑問、(4)「心温まる」体験、といったパターンになる（考えてみれば、NHKの情報番組も似たようなパターンになるかもしれない）。

また、ありがたいことに、随所に付けられた見出しがうまく作られていて、たいてい本文まで読まなくても投書者の主張したいことがだいたい想像できるようになっている。「ゆとり教育に私の周りは皆反対」、「小ライスがあれば残飯も防げる」、「捨てられる猫に罪ないのだが……」といった具合にできており、私も、日本人読者の多くと同じように目を通しはするが、実際最後までていねいに読むなんていうことはあまりない。が、時々、見出しから受ける自分の先入観と想像した内容とがかなり異なるものに出会ってビックリすることもある。私にとっては、こんなときこそ投書欄を読むのがおもしろくなってくる。そして、場合によっては、反省するきっかけにもなるのである。

だいぶ前に見かけた「日本の銀行なのに横文字名とは」

不思議なアメリカ、謎のニッポン

もまさにそんな感じだった。以前「UFJ銀行」という看板があっちこっちで見られるようになった頃、なんだかチープな感じのネーミングだな、ローマ字じゃ銀行らしい重みがまったく感じられないな、などとその名前を奇妙に思ったことがあったので、今回の投書も、当然似たような感覚の主張だろうと想像した。ところが、全然違った。
「1903（明治36）年生まれの父は小学校しか出ていないが、俳句をたしなみ、古文も読み解き、よって、今でも〝田舎の文芸者〟を自負している。泣きどころは外国語だ。文章はもちろん、アルファベットが全く書けないし、読むこともできない。（略）今年になってのことだ。自分の取引先の銀行が、行名をアルファベットの3文字に変更した。『外国資本が入ったのか？　日本の銀行がなぜだ』と、憤まんやるかたないらしく、『アーウー、アーウー』と言いつつ、結局『あそこ』で済ませてしまう……」という、実に意外な内容だったのだ。

おそらく、新しい銀行名をローマ字にしようと発想した人間は、ローマ字の読み書きができなくて困る日本人もいるかもしれないというところまでは、私と同じようにとても思いつかなかったろう。むしろ、最近目立つ現象なのだが、新しい邦画ができたらその題名を『Truths: A Stream』などのように英語にしよう、あるいは新聞の新しい「土曜版」ができたらそのタイトルを「be on Saturday」などのように英語にしよう、または東京都の公共空

27

間で大道芸活動が許される新しいライセンスが都庁の「生活文化局文化振興部事業推進課」から発行されることになったらその名前を「ヘブンアーティスト」のように英語にしよう、といった程度の考え方しかできなかったのだろう。かつて小林亜星氏が記者会見で旧国電の新名称として選ばれた「E電」という名前がいかに素晴らしいかを、いろいろな理屈を並べて得意げに説明したように、「UFJ銀行」という新名称を決定した会議でも、だれかがこのローマ字のネーミングがいかに時代に合っていて完璧なものなのかを得意げに説明したはずだ。

しかし、英語のバカっぽい濫用はともかくとして、銀行名は硬くてもいい、とにかく少しは品があってほしい、と思うのはおかしいだろうか。「にんげん大好き──トマト銀行」というキャッチフレーズを初めて見かけた時は、一瞬「一億総軽薄化」をうまく風刺した冗談かと思って嬉しくなったのだが、あとで真面目に作られたものだとわかって、私は気が重くなってしまったのだ。

そこまではいかなくても、かつて立派な名前を誇っていた「駿河銀行」は、今は現に「スルガ銀行」となってしまっているのである。これは、まさか若者には「駿河」の読み書きが難しい、「スルガ」にすれば人気が出るかもしれない、というような発想で生まれたとは思いたくはないのだが、わざわざカタカナにする理由がほかにあったのだろうか（単純に「駿」が常用漢字に入っていないからいけない、

という杓子定規な判断からだったのなら、まだしもなのだが)。

　こんなことをアメリカ人の私から言うのもおかしいかもしれないが、銀行名はせめて漢字にしてほしい。「みずほ銀行」などというひらがな綴りは、銀行名としては軟らかすぎ、軽すぎるように思う。たとえ「ATMシステムの障害、口座振替の処理遅延・二重引き落とし、振込遅延、及び、統合時の混乱にともなう事務・サービス面の不行き届き」(みずほ銀行のネット上の「お詫びとご報告」より)などが起こらなかったとしても、その名称からはまるで信頼感が湧いてこないではないか。

　しかし、私のそういった考え方は、硬すぎるのかもしれない。少なくとも、一般的ではなさそうだ。「日本の銀行なのに横文字名とは」をわざわざ新聞に投書した65歳の日本の男性にしても、とにかくアルファベットでなければひらがなでも文句はないという、私よりも穏健な意見だった。見習いたい。

日英新聞タイトル比較

　初めて日本の新聞を真面目に読もうとしたのは、昔、アメリカの大学の図書館でだった。記憶に残っているのはタイトルを解読する大変さだけである。

　言語を問わず新聞のタイトルや見出しは、たとえば、「日本政府／5人聴取こだわらず／瀋陽事件／第三国出国を最優先」のように、本文まで読まなくても記事の内容が十分に想像できるようになっているのだが、日本語学習者にとっては、表現がこれだけ「濃縮」されると、やはりむずかしい。

　私の場合、まっさきに慣れたのは投書欄の随所にある小さな見出しだった。「郵政改革は首相のメンツだけ」、「年金生活者は増税耐えられない」、「見苦しい 大関、横綱の『待った』」、「旅行も一緒に 父の形見の時計」などのように、初心者にも簡単にわかるようにできている。しかも、どの新聞の投書欄もマンネリ化は相当進行しているので、その見出しも見ないうちから、どういう内容か、だいたい予測がつく。

　もちろん、たとえば「娘よ あなたの桜桃のように」などのように、本文を読んでみなければ具体的に何を言いたいのか想像しがたい投書に出会うことも時々はあるが、そ

れでも少し慣れれば、「こんなプライベートな話をわざわざ新聞に投書するのか」と思ってしまうタイプだな、と悟るようになる。「具体的内容は一切不明」の見出しであっても、本文まで読むかどうかを判断するには、十分参考になるのだ。

ところで、「日英新聞タイトル比較」というのもけっこうおもしろい。日本の新聞で気になった記事が、英字新聞ではどう取り上げられているのか調べる「研究」である。

毎日新聞2002年5月21日付の「スワ！　フーリガン／福島で勘違い通報／アルゼンチンファンを誤認」も好例であった。実は、同じ話が *Mainichi Daily News* の見出しでは、「Hooligan paranoia begins as fans targeted」（フーリガン・パラノイア過熱、ファンが犠牲に）となっていたのだ。いささかユーモラスな日本語見出しに比べると、英字新聞の見出しは、同じ問題に対しても日本人と在日外国人の立場の違いを見事に示している。つまり、日本語見出しには、その住民の愚かさ（フーリガンだと思い込んで110番通報したのは、2人の男性が好きなチームのユニフォーム・シャツを着て寝袋を持っていたからだったとの由）を軽く茶化したようなゆとりがあるのに対して、英語見出しの方はひたすら「日本人って怖い」という雰囲気になっているのである。何をされるかわからないという怖れを抱かせるのだ（その時は2人のサポーターがJヴィレッジ近辺の路上を歩いていただけで、「パトカー4台で警官8人が駆け付け

る騒動になった」そうだ)。

　サッカーのユニフォーム・シャツを着たいと思ったことのない在日外国人である私としては、この二つの見出しを作った人たちのそれぞれの気持ちがどちらもわかる気がする。

不思議なアメリカ、謎のニッポン

「批評」なき新聞を批評する

　NHK連続テレビ小説『さくら』が放送されてひと月程経った頃、ジャパンタイムズ紙では、日系3世のアメリカ人G.S.フクシマが、非常におもしろい批評をしていた。

　物語は「ハワイで生まれ育った日系4世の主人公・さくらが故郷・岐阜県飛騨高山で学校の英語の指導助手をしながら成長していく」話だが、この番組を4月からずっと見ていたフクシマは、『さくら』という題名に「E.T.が日本にやってきた」と副題をつけたい、という。

　ハワイ育ちの3世・4世同士の会話が日本語、しかも完璧な標準語でなされているという「ありえなさ」や、「ワォ！」ばかり言う主人公 ── アメリカ人への固定観念におもねる単なるウケねらいのステレオタイプな人物像だけではなく、リアリティからかけ離れたストーリー運びも具体的かつ的確に指摘しながら、こうした物語の日本における社会的役割を論じた長い、本格的な評であった。

　この話を思い出すきっかけとなったのは、毎日新聞2002年6月15日の夕刊、荻野祥三の「ブロードキャスト」というコラムであった。1983年の『おしん』はじめ、昔のテレビにみられた「苦難に負けない女の一代記」や、「人生は山坂あるけどガンバロウ」などの人気ジャンルを懐かしく

思い出す話があって、なかなかおもしろかった。

　が、それと同時に、もしこのコラムの字数が４、５倍あって、先のフクシマの「『E.T.』としての『さくら』論」のように本格的な評にすれば、もっと興味深いものができたのに、と感じたのだった。

　日本語を勉強してようやく日本の新聞を読めるようになるにつれて、気になってきたことがあった。演劇や映画、テレビのこととなると、日本の新聞にはPRになる記事は多くても、なぜか「評」といえるものはめったに見られないのである。

　毎日新聞の「甘口辛口　新作映画ガイド」は、「辛口」もあるということと、作品によっては「もう一言」で別の見方も載せるという点では、例外的でもあり、ありがたいものなのだが、それでもやはり、文章は短く、ちょっとした紹介に終わってしまう。たとえ意見の対立があったとしても、その対立自体、観て感動できたかどうか、といった程度で終わりがちなのだ。

　ところで、映画やテレビならばともかく、演劇となると、そもそも読み応えのある評があるかないかの問題以前、ということがある。かなり昔のことになるが、某有名女優の初公演に友人に誘われた時のことだ。

「新劇」風の伝統のせいか、本人の特徴なのか、「西洋婦人」を演じるその女優の演技はいかにもオーバーに過ぎており、観ていてこちらが恥ずかしくなってしまうようなも

のだった。初日とあって演劇評論家らしき人も数人いたようだったので、公演後、友人に「あれじゃ明日の新聞は大変だろう」と言ったが、一笑に付されてしまった。「ここはニューヨークじゃないから大丈夫」。たしかにその後その女優の評判が落ちたわけでもないらしい。

　米国の新聞を単純に比較の対象にしても意味がないが、日本の新聞にも甘口・辛口という単純な色分けにこだわらない、また字数も惜しまない本格的な評が定期的にあっても、将来の日本の演劇・映画・テレビの質にとってけっしてマイナスにはなるまいと思う。

「英語が苦手」のウソ、ホント

　真剣に考えると気が塞ぐから、笑い飛ばしてしまった方が健康的だろう、と思える記事に出会うことがたまにはある。私が日本の新聞を読んでいる場合、そうした気持ちにさせられるのは、ほとんど英語関係の話であり、毎日新聞2002年7月12日の夕刊に載った「日本中　英語漬け!?　／苦手克服へ文科省が目標設定／生徒は　高卒→英会話OK　大卒→英語で仕事／先生は　英検準1級『望ましい』」という記事も、まさにその典型的な一例である。

　この記事によると、「『英語が苦手な日本人』を克服するため、文部科学省は12日、日本人の英語力を高める『戦略構想』をまとめ、公表した。／国民に求められる英語力を具体的に示した上で、それを教える中学・高校の英語教員に求められる英語力として英語検定準1級などの目標を示した」。

　特別に意欲を抱いている個人のレベルで行われる本来の外国語学習と違って、学校英語は、日本国民全員が、それぞれ何十人の集団で週に3回ほど集まり、短い時間でいやでも果さなければいけない義務である。だから、教員にとっても、生徒にとっても、その作業がある種のゲームになりかねないのは確かだ。しかし、英語を十分使いこなせる

不思議なアメリカ、謎のニッポン

日本人が実際いっぱいいる。私の知り合いにも、自分から進んで、家に帰ってから日々の練習を重ねては上手になった人が何人もいる。

記事には、日本人が英語が苦手だという唯一の根拠として、次の統計が示されている。「日本人の英語力は米国大学留学のための英語能力試験（TOEFL）の平均で667点満点中513点で、156カ国・地域中144位、アジア23カ国・地域で22位と極めて低い」。それはそのはずだろう。日本では、軽い気持ちで受験する人がきわめて多く、試験場を覗いてみると、中学生から老人まで、受験者がバラエティーに富んでいることに驚かされる。これに対して、他の国の多くでは、受験料だけでも大変な金額になり、主として留学候補者として選ばれた「エリート」の人間しか受験しないから平均点は当然日本より高い。が、各国のそれぞれのベスト10の人の点数だけにして比較すると、これといった差がない。TOEFLの国別平均点は無意味な統計なのだが、人によっては、なぜかこの統計を頻繁に引きあいに出すのだ。

しかし、それはそれとして、文科省の公表内容を読んで一番気になったのは他のことだ。「国民に求められる英語力」が多くの日本人に身に付かない大きな理由として、現在の中学・高校の教員自身が英語力不足に陥っている、というニュアンスである。私の経験では、そうした見方こそ現実からかけ離れていると思う。実際に地方の中学・高校

をまわって現場の先生に会ってみると、むしろ、英語力は驚くほど高いことがわかる。問題はその先生たちが全員にいやでも英語を覚えさせる任務を与えられてしまっていることだ。たとえ、英語をものにしようと固い決心をした人にしても、それには大変な時間と努力が必要なのだが、自分からそう思わない人、しぶしぶやっている人も含めて「全員揃って覚えさせる」ことになったら、授業内容が薄まってしまって、誰一人としてさほどの上達をしなくてもしょうがない。

　そもそも日本国民の英語力を「高める」ことは政府にできる仕事ではあるまい。が、英語の必要性を実際に感じている日本人はそれなりに努力しているのだろうから、個人の判断に任せていいのではないだろうか。

不思議なアメリカ、謎のニッポン

一葉に抱いた恋心

　新聞の第一面記事には喜べるような話がめったにないが、この時ばかりはいい意味でビックリした。紙面に新五千円札が載っており、その肖像として、樋口一葉が選ばれていたのだ。2004年4月から登場するという。

　一方の新千円札の野口英世は、いずれ選定されるだろうと、予想できたような気がするのだが、一葉の場合、政府にそれだけ優れた文学的センスがあったのかと感心させられ、嬉しくなった。

　もちろん、「新札発行による景気浮揚効果」などは、まるで教科書表紙の模様替えによる「若者の学力向上」みたいな話で、実際あるわけはないだろうが、一葉の肖像を見かけたその瞬間の私は、財務相がもくろんだ通り、「明るい気分」になってきたのだ。

　20年ほど前、千円札の表に漱石が選ばれた時、一般的にどのような反応があったのか覚えていないが、私は、当然の選択ではあるものの、本人が生きていたら絶対断わったに違いないと思った。しかし、一葉の選択には、さらに深いアイロニーが潜んでいるような気がする。なんといっても、毎日新聞コラム「余録」（2002年8月3日）で指摘されたように、「短い生涯を通じてお金と縁が薄かった女性

作家は『なぜ、私が』と泉下でいたく当惑していることだろう」。

　私が初めて一葉の小説を読んだのは、大学の図書館から借りた『にごりえ』だった。文章が江戸風で私にはかなりむずかしかったのだが、それでも、読んでたちまち感動し、ひきつけられた。「お力と呼ばれたるは中肉の背格好すらりつとして洗ひ髪の大嶋田に新わらのさわやかさ、頸もと計(ばかり)の白粉も榮えなく見ゆる天然の色白をこれみよがしに乳のあたりまで胸くつろげて、烟草すぱすぱ長烟管に立膝の無作法さも咎める人のなきこそよけれ、思ひ切つたる大形の浴衣に引かけ帯は黒繻子と何やらのまがひ物、緋の平ぐけが背の處に見えて言はずと知れし此あたりの姉さま風なり」（『にごりえ』第一章より）。

　こんな巧みな描写に出会うと、やはり感激しないわけにはいかない。お力という酌婦の全体的な姿から始まって、髪のかたちから首、胸へと、流れるように細部の描写が続く。こうした音楽的にも美しい言葉と、女性らしい細やかな視点と描写に魅了されるのである。また、いささか変な話になるのだが告白すると、『たけくらべ』まで読み進んだ頃には、私は思わず著者に恋心を抱いてしまった。振り返ってみれば、この小説で、思春期を迎える少年少女2人の主人公の微妙な心情の動きを見事に描いた一葉の繊細さに惚れたという部分が大きかったのだろう。新五千円に使われる肖像では、ややキツそうな性格に見えるかもしれな

いが、『たけくらべ』から受ける印象には、むしろ、本当に謙虚でありながらも凛とした魅力がある。そして、そうした性格の中を静かに潜流しているのは、強い情熱なのだ。
　一葉の優れた小説は、果たして今日の日本でどれほど読まれているのだろうか。明治生まれの日本人がまだ多く生きているのに、明治文学の作品がもはや〝古典〟となってしまっていてもいいのだろうか、と嘆いても無論しょうがないが、お札の表に初めて登場する女性に、一葉が選ばれたことによって（景気の回復はともかくとして）彼女の作品を実際読んでみる気になる日本人が少しでも増えたら、とても嬉しいことである。

あっぱれな話術

　クリントン前大統領の話術は、驚くべき巧妙なものである。これは口達者ぞろいのアメリカの政治家の中でも抜きん出ている。即興で発言するときでも、優れた台本を読んでいるかのように、文法的に完璧なセンテンスが一貫した段落を成し、全体の理屈も滑らかだ。無論、準備してきた場合は、さらに巧みな弁論ができる、天才的な話者である。

　アメリカ全土で放映された、モニカ・ルインスキーとの不倫疑惑と、偽証教唆や司法妨害などの疑いをめぐる演説もまさにクリントンらしい傑作だった。まず、

　"Good evening. This afternoon *in this room, from this chair*, I testified before the Office of Independent Counsel and the Grand Jury."

　（こんばんは。本日午後、この部屋で、この椅子に座って、独立検察官と大陪審に対し証言した）

と話し始める。いうまでもなく、「この部屋で」や「この椅子に座って」というのは話の大筋には何の関係もないことではあるが、一般の国民は、非公開で行われたこの大陪審証言をこそ見たかったので、まるで大統領がわざわざ「歴史上重要な場所」を特別に見せてくれているような、なんだか得したような気分になる。

続いて、

"I answered their questions truthfully, including *questions about my private life, questions no American citizen would ever want to answer.*"

（彼らの質問には、正直に真実を述べて答えた。私生活に対する質問、アメリカ市民なら誰しも、とても答える気のしないような質問も含めて）

この日本語訳では、原文の順序を無理して真似しようとしたのだが、英語の流れは自然であり、"questions"という言葉の繰り返しにもインパクトがある。それに、何より、「私生活に対する質問」と同格の「アメリカ市民なら誰しも、とても答える気のしないような質問」という表現が、大統領としてではなく、一人の人間としての不利な立場をさっそくアピールして効果的である。ここでの「アメリカ市民なら」は、日本語としてはピンとこないだろうが、"no American citizen would"という英語には、アメリカ憲法が保障してくれている「市民の基本権」まで連想させる含蓄があって、スター独立検察官の捜査そのものの怖さを巧くほのめかす言葉である。また、これを聞いて、視聴者のなかには、たとえこの数年間の自分の性的行為に関してさほど心にやましいところがなくても、したたか細かく追及されたら、やはりちょっと困る、といったような同情を抱く人々も少なくないだろう。

肝心の元実習生ルインスキーさんとの「性的関係」に関

しては、これまで臆面もなくそれを否定し続けてきた大統領はこう述べる。

"Indeed, I did have a relationship with Miss Lewinsky that was *not appropriate*. In fact, it was *wrong*."

（確かに、ルインスキーさんとは、適切ではない関係をもった。実際、それはいけないことだった）

この "a relationship ... that was *not appropriate*" は、日本のマスコミでは一般的に「不適切な関係」となっていた。この訳が適切かどうかは分からないのだが、英語では "inappropriate"（不適切な）と比べると、クリントンが実際に選んだ言い方の "not appropriate"（適切ではない）の方が、その「関係」に対する批判の「積極性」が微妙に薄い。結果として、「罪」自体もやや軽いような印象を与える言い方である。

しかし、さらに微妙なのは、その続きの "... it was *wrong*" である。これは、一般的に、そして機械的に「間違いだった」と訳されているようだが、この英語は "... it was a *mistake*" とはだいぶ違う。確かに、"That answer was *wrong*." と言えば、「その答えは間違いだった」ということになるが、"wrong" には文脈によって別の意味がある。具体的にいえば、"wrong" は「してはいけない」ことを指しており、"mistaken" にはない道徳的、倫理的なニュアンスの強い言葉として頻繁に使われている。

まるで "sinful"（罪深い）といったようなニュアンスなのである。クリントンの「道徳的罪悪感」をはっきり表すこの "... it was *wrong*" が使われて初めて、この演説には「謝罪」の気持ちが込められたことになる。

　日本語には、こうした "wrong" にちょうど当てはまる形容詞はないだろう。名詞から考えると、たとえば、具体的なミスや取り違いを思わせる「間違い」より、社会規範や道徳的な面でよく使われる「過ち」の方がいくぶん近いかもしれないが、「実際、それは過ちだった」といっても、問題は同じである。つまり、きわめて極端な例だが、たとえば、わざとカレーライスに毒を入れた人が後で「過ちだった」や「間違いだった」と発言しても、それは人の納得がいくような「謝罪」にはならないのと同様、これはちゃんとした「自省」が入っているかどうかという問題なのだ。クリントンがわざわざ "... was *not appropriate*" に "In fact, it was *wrong*" を付け加えた目的は、まさにそうした「自省」を示すためだった。

　彼は、演説までの７カ月間の嘘に関しても、巧い言い方をする。

"I know that my public comments and my silence about this matter gave *a false impression*."

（この件に関する私の公の発言や沈黙が、事実と違う印象を与えたことは承知している）

という。いうまでもなく、"I lied" などのような英語は使

わない。そして、

"I *misled people, including even my wife*. I deeply regret that."

（私は人々を誤解させた、妻さえも。それは深く後悔している）

ここの巧さは、"*misled*"（誤解させた）という表現としては婉曲で平凡な単語に、これまた曖昧な "*people*"（何人かの人々）という言葉を使うことによって、意味をぼかしたところにある（ちなみに、ある新聞がこれを思い切って「国民を誤解させた」と訳したのだが、それなら、英語では単なる "people" ではなく、"*the* people" になっているはずである。定冠詞の "*the*" があって初めて「国民」という意味になるのだ）。

続いて、クリントンは "I *misled people...*" に "*including even my wife*" と、止めを刺す。この言葉で、"*misled*" のゴマカシと "*people*" の曖昧さなどは、視聴者の意識からさっと消えてしまう。しかも、"*...even my wife*" の "*wife*" を "*wi-i-ife*" といささか伸ばし、親友に告白しているかのような調子で、この部分を心もち強調する。視聴者は、思わず心の中で「やぁ、こりゃ大変だ」とつぶやき、一瞬にして他の問題を忘れてしまうのである。

ここでクリントンの人間味あふれる「南部ナマリ」が役立つ。彼のおっとりした発音を聞くと、「やっぱり、人間

不思議なアメリカ、謎のニッポン

って弱いものだ。でも、それが人間なんだから」と、わけの分からない納得の仕方をしてしまう。これこそクリントンの「南部ナマリ」のすばらしい効果である。

 また、一般のアメリカの男性は、今まで何とかワイフにばれずにすんできたことを無意識のうちに思い浮かべ、もし、自分もテレビの全国向け生放送でそれらを認めねばならないハメになったら、いかに凄まじいことか、と想像し、「大統領！　頑張れ！」と応援したくなる。逆に、アメリカのワイフたちは、*"even my wi-i-ife"* という強調に納得する。「やはり、大陪審を騙すならまだしも、ワイフだけは絶対に騙してはいけない」という常識の分かるハズバンド、それを皆の前で認めるハズバンド、こんなハズバンドこそ支持しなきゃ、といった気持ちになるわけだ（演説後の世論調査によると、この件で大統領が辞任すべきかという質問に対し、現に75％のアメリカ人は「ノー」と答えた。というのも、どうせ最初からクリントンがいかに否定しようとも「誤解させられた」国民などほとんどいなかったのだから。ましてや、かのヒラリー夫人なんて！）。

 クリントンは、次の言葉で騒ぎを抑えようとする。

 "Now this matter is between me, the two people I love most——*my wife and our daughter*——and our God."

 （今や、この件は、私と最愛の二人——妻と娘——と私たちの神様との間の問題である）

このセンテンスをよく見れば、演説の言葉がいかに練られているかが分かる。つまり、"the two people I love most——my wife and *my* daughter" と言うのが普通なのに、クリントンはこれを "my wife and *our* daughter" と言う。これはさすがに細かい。これほど練られているのは、ヒラリー夫人のためだけでない。アメリカ中の母たちに対する繊細な配慮を示す言葉なのだ。

　逆に、続いて "and *our* God"（今度の "our" は娘のチェルシーちゃんも含む）というフレーズを付け加えているのは、決して細かい配慮からではない。宗教的なこだわりを捨てるほど洗練されていない、移民国家であるアメリカの「常識」を念頭においているだけである。これはやや恥ずかしく思うことなのだが、「道徳的」な問題をめぐるだけに、このフレーズは不可欠なのである。これは否定できないアメリカの政治的事実なのだ。それにしても、これを日本語にしてしまうと、変な感じがする。

　以前、日本の英字新聞に、小渕首相（当時）の演説を英語に訳せない、と悩む名同時通訳者の記事があった。文字通り訳すと、あまりにもおかしく聞こえるからだという。実際、聞いていてもよく分からない日本語が多いが、アメリカではどうやって英訳していたのだろう。

不思議なアメリカ、謎のニッポン

困った「作戦」

　1999年のことなど覚えている方は少ないかもしれないが、長野五輪１周年を祝うレセプションが行われた。その光景をテレビで観ていると、各人の挨拶の中、いきなり「史上、最高に組織されたオリンピックだった」といった趣旨の言葉が出てきてビックリしたことがある（IOCのパル・シュミット副会長のこの挨拶の訳全体は正確に覚えていないが、「最高に組織された」という言いまわしがこのように形容的に使われていたのは間違いない）。一瞬、あんな日本語はあるのか、と混乱した。だが、次の瞬間、なんだ、"the *best-organized* Olympics in history"の直訳か、とピンときた途端、意味が違うじゃないかと、ちょっと頭にきた。そして、その訳についていろいろ考えているうち、段々と不愉快になってきて、寝ることにした。

　冷静に振り返ってみると、言葉に対して、そんな感情的な反応がおこり得ることは、現象として面白い。

　シュミット副会長の挨拶を新聞でも探してみたところ、「五輪の歴史の中で最高に組織された大会として記憶に残るであろう」という訳をみつけた。偶然にも入学試験の季節に目にとびこんできたこのセンテンスは、たとえば、受験生の英文和訳問題の解答を一目見たとき、その和文自体

49

は意味不明なものであっても、もとの英文がすぐ分かる日本語のお手本のようだ。具体的にいえば、もとの英文は、

(They) will be remembered as the *best-organized* games in the history of the Olympics.

であっただろう。

入試の答案を採点すると、存在もしない日本語や、具体的な意味のない日本語などをよく見かけるが、それは受験生の作戦だろう。彼らは単にわけの分からない英語をわけの分からない日本語に直しているのではなく、問題の英文の中には日本語と「一対一」で対応させて覚えた単語が幾つもあるため、それらに「対応」する日本語さえ書いておけば、たとえ和文自体が無意味であっても、零点にはなるまい、という作戦で訳しているのだ（シュミット副会長の挨拶を「最高に組織された大会」と訳したのは、どんな作戦だったのだろう）。

このような作戦は採点者を困らせる。たとえば、「要領のいい人」を英語では "a *well-organized* person" と普通に言うが、もし、入試で、

She is one of the *most well-organized* people in our company.

という英文和訳問題に対して、「彼女は、私たちの会社の中で、もっとも良く組織された人々の一人だ」という解答があった場合、これを10点満点の何点にすべきかは、もつれて解決しにくい問題になりかねない。「この和文はまっ

たくナンセンスだ。0点」という「びしびし派」の人もいれば、「しかしですね、先生、よく見れば、一箇所しか間違っていないじゃありませんか。私はむしろ8点ぐらいにしてもおかしくないと思いますけど」という「手心派」の人もいるかもしれない。さらに、この両極端の間に、優柔不断派や、中庸派、唯唯諾諾派などの人がいる可能性も十分にある。また、同じ一人の採点者でも、その日の気分や体調によって、属する派が変わるかもしれない。いずれにしても、一万人分の解答のうち、現に何千人分もが「彼女は、私たちの会社の中で、もっとも良く組織された人々の一人だ」というような和文（または、その数多くのヴァリエーション）になっているので、採点する側としては良心的な、一貫性のある基準を作っておき、それを慎重に守りながら採点するしかない。

　問題は、一日中そういった和文ばかり見ていると、日本語の正常な感覚が遠くへ行ってしまったような気がして、変な言葉に対する抵抗感が段々と薄らいでいくことだ。つまり、変な日本語が次第に、普通に見えてくるのである。とても不気味な感じである。

　実際、「最高に組織された大会」という表現に接して抵抗を感じる日本人は何割くらいいるのだろう。確かに長野五輪の運営をしていたのは、「組織委員会」というものだったので、なんとなく正しい表現のように感じる人も多いかもしれない（むろん、委員会のネーミングは日本語の発想

からではなく、単純に欧米の "Organizing Committee" という言い方に準じたのであろう。でなければ、「運営委員会」とか)。あるいは、たとえば「組織委員会」の第1回目の会合で会長が「それでは、これから大会を組織しましょう」と言ったら、「おや？」と思う人でも、漠然とした意味で形容的に使われる「〜に組織された〜」なら、新聞などで見なれていてなんとも感じないかもしれない。

先日、たまたまシャーロック・ホームズ物語の *The Valley of Fear* という小説を読んでいたら、この話と関連する面白い英語がでてきた。暗黒街の悪名高き「組織」の殺人計画で、3人の悪党が、狙っている本人だけでなく、家族全員を殺してしまおうと、夜中その家にうまく爆薬を仕掛けて、それを爆発させる。家は一瞬にして木っ端微塵に砕け散ってしまうのだが、肝心の家族は全員留守だった、という大失敗に終わる話に、こう皮肉ったコメントがあった。

But alas that work so *well organized* and boldly carried out should all have gone for nothing!

さっそくその日本語訳を探してみた。すると、次のものが見つかった。

「だがかくもみごとな団結をみせ、勇敢に遂行された計画が、結局なんの役にもたたなかったとは！」(『恐怖の谷』新潮文庫、1990改版、延原謙訳)

これを見て、シュミット副会長の挨拶の翻訳問題が少し

不思議なアメリカ、謎のニッポン

分かった気がした。というのも、"well organized" は、基本的には、「整った秩序」を表わしており、「大会」に関して使われる場合、そもそもの計画作成から実際の運営までの、すべての作業が「秩序立って行なわれた」ということを意味する。『恐怖の谷』の "work (that was) so well organized" も同様で、この表現には「みごとな団結」の部分もむろん含まれている。だが、そもそもの計画作成も「みごと」だったということは、この日本語訳では分からない。これは仕方がないだろう。「団結」も「計画」も「みごと」だったということをきちんと言おうとすれば、長ったらしい日本語になってしまいそうである。そこで、訳者は自分の判断によって片一方の部分（この場合は「団結」）を中心にして、なるべく原文に近い「簡潔な日本語らしい日本語」にしたのである。そうした自分の判断力をいかして、自分でも納得できる日本語を思いきって作ることは、受験生には、おそらくもっとも危険で「とても出来ない」ことなのであろう。

　というところまで考えると、どうして自分が「最高に組織された大会」といった程度の日本語に対してあれほど感情的に反応したのかも、分かるような気がする。まず、自分に「日本語コンプレックス」があることは否定できない。日本語でものを書く仕事は多いが、自信を持って書けない。なんといっても、母国語の英語の発想や感覚が根底にあるので、日本人に違和感を覚えさせるような不自然な和文は

なるべく作らないよう努力はしているが、結果はさまざまである。やはり、努力が足りない、書く時はできる限り英語を頭から追い払い、自分なりの「日本語らしさ」に対するセンスを少しでも磨かないといけない、といったプレッシャーを常に感じている。それなのに、当の日本人が平然と「五輪の歴史の中で最高に組織された大会として記憶に残るであろう」などという日本語を作っている――と思うと、これまでの自分の努力は何だったのか、と感情的になってしまうわけだ。コンプレックスがなければ、こんな言い方は日本語として定着しなければいいが、と思うだけだろう。

　また、母国語に対する気持ちも関わってくる。英語は、受験のためだけに仕方なく勉強する言語ではなく、日本語と同じく、魅力的な言葉である。「五輪の歴史の中で最高に組織された大会として記憶に残るであろう」のように不自然で、具体的な意味がよく分からない表現は、英語でも作ろうと思えば作れるのだが、先のシュミット副会長の挨拶は、そうではない。この言葉は、IOCがスキャンダルでピンチに陥っている時期の挨拶なので、言っていることはいささか大げさかもしれないが、英語自体は、なめらかで、はっきりと意味の通る表現である。英語としては、自然そのものである。逆に、「五輪の歴史の中で最高に組織された大会として記憶に残るであろう」のような表現は、英語の感覚からしてもまともな挨拶にはなっていないので

不思議なアメリカ、謎のニッポン

ある。

　だが、毎日のように大学の授業で、受験勉強で疲れきった学生を相手に言葉の話をしていると、英語のそのリアリティが一般的に認められていないことが分かる。むしろ、英語はしょせん理解できない変なもの、と思われているのではないか、という疑問が湧く。これは決して、高いレベルでの話ではない。日本語を例にとって説明してみると、たとえば、英語圏の人間が日本語会話を習おうとすると、教科書のはじめの方に、登校する娘が玄関で「行って来ます」と言って、お母さんが「はい、行っていらっしゃい」と答える、といった感じの場面が必ずある。そこで、学習者は不思議に思う。出かけることを知らせるのなら「行きます」で十分なのに、なんで毎回わざわざ「（行ってから）また来ますよ」と知らせないといけないのだろう、そして、お母さんにしても、なんでわざわざ「またおいで（いらっしゃい）」まで付ける必要などあるのだろう、と思い、自分には自然な日本語は使えそうもないと感じる。

　日本の大学生が英語に対してもつ違和感も、こんなレベルの話が意外に多い。幸いに、留学などで、英語を実際に使うことになれば、それまでの見方ががらりと変わる。一方、先の英語圏の日本語学習者の場合、少しでも点数を稼ぐための作戦として「行って来ます」「はい、行っていらっしゃい」を "I will go and come" "Yes, go and come"

と直訳したりする必要はないので、違和感は比較的早くなくなる。

II　あやしい英語とまがいものの日本語

どうやってつなげるか

　大学で英作文の授業を受け持つようになって、もう随分経つ。小人数で、性格のよい学生ばかりなので、教えるのが楽しみなのだが、ある年、ちょっとした〝冒険〟を試みた。学生がもっとも使いたがる１つの英単語を使用禁止にしたのだ。その単語は "so" である。正確に言えば、

　I sent her an e-mail message almost every day during the year she was studying abroad, but she never answered me even once, *so* I assumed we were through. (彼女が留学していた１年間、僕は毎日のようにメールを送っていたんだけど、１回も返事をくれない から、やっぱり僕たちはダメだな、と思った)

のように因果関係を表す接続詞として使われる "so" だけが禁止の対象である。この言葉を使わない方がよいと思った理由は二つあった。一つは、"so" が口語的過ぎて、学生が書いた文章の文体には合わない、というケースがかなり多かったからだ。もう一つの理由は、I wanted to go to many foreign countries, *so* I chose England. (たくさんの外国に行きたかった から、イギリスを選びました) という典型的な例のように、"so" で接続されている二つの節に明確な因果関係はない、というケースがほとんどだか

らだ。

　確かに、外国語でものを書くときは、「つなげる言葉」が難しい。私が日本語でものを書こうとする場合、たとえば、センテンスの冒頭で「そして」や「そこで」などのように当り前の日本語すら自信を持って自然に使えない時がある。あるいは、「そうすると」と「そうすれば」と「そうした場合」などのように、きわめて似たようなことを言っている表現の場合、その自然な使い分けは "non-native speaker" にとってけっこう大変だ。また、日本語は節と節の因果関係を表す方法が特に多いので、これにも迷うことがある。たとえば、「臼歯が痛くて休講した」のように、節と節を「て」でつなぐだけでも論理的関係が十分表されるケースもあれば、センテンスによっては、「ので」「から」「のだから」「わけだから」、あるいは「わけなのだから」などとつなぐ方が自然な日本語になるケースもあり、自分の書こうとしている文章にはどれがよいのか自信を持てない時も多々あるのだ。

　しかし、学生の書いた英文を見ていていちばん不思議に感じるのは、「だから」類だけではなく、「そして」「そこで」「すると」なども含めて、とにかくどんなつながりであってもそれを "so" で表現しようとすることだった。これはわりあい最近の現象のようである。私の見ているかぎり、この「soの乱用」が目立つようになったのは、中学・高校で「オーラルコミュニケーション」中心の英語教

育を受けた子どもが大学に入る年頃になったあたりからだ。だから、とは言いきれないかもしれないが、どうもそこには何らかの「因果関係」があるような気がする。

　いずれにしても、この現象はいまや社会人の世界にも広がっているようだ。というのも、このあいだこんなことがあった。私は３社の新聞（日本の新聞２紙と英字新聞１紙）を購読している。日本の新聞の方には、本紙自体の枚数をはるかに超えるチラシがいつも挟まれている（そんなチラシには興味がなく、一つも見ないですべてそのまま「資源ごみ」の袋にまわす習慣だ）が、それと違って、そもそも枚数の少ない英字新聞は、チラシも挟まらないので軽くて処分しやすい。ところが、驚いたことに、先日、英字新聞を広げると、なんと１枚のチラシが落ちてきた。カーペット・クリーニング・サービスの英文宣伝で、たいした内容ではなかったのだが、ごく短いその文の中に、こんなセンテンスがあった。

　We use the most modern equipment and the latest technology, steam extraction. *So* we can clean your carpets in your house with one day service, *so* you can call us in the morning and entertain the same evening.／*So* why wait?（弊社はもっとも現代的な装置と最新のテクノロジーであるスチーム抜き取りを使っています。**ですから**、お宅のカーペットを１日で掃除できます**から**、午前中にご注文いただ

ければ、夕方にはお客様をもてなすことができます。／**ですから**、何をためらうことがあるでしょうか)

日本での"so"もいよいよここまできたか、と思った。

しかし、"so"の話はともかくとして、言語を問わず文章を書くときは「因果関係」にだけは気をつけるよう学生に注意するつもりで、例としてふさわしい文を図書室で探していたところ、突然こんなセンテンスに出くわした。某経済新聞の一面のコラム（下関市で開かれていたIWC〈国際捕鯨委員会〉総会で日本側が、残念なことに、反捕鯨派の偏見に出会ったことを嘆く話）の真ん中あたりに、「W杯の開幕で世界から人々が集まる**のだから**、21世紀の食と文化をじっくり考えたい」（傍点筆者）という文があったのだ。これを見て私は、しっかりした日本語の論理的つながりに対する自信をあらためて失ってしまった（「W杯の開幕で世界から人々が集まる**のだから**、警察は大変だろう」といった言い方ならまだしもだが）。このコラムをさっそくコピーしておき、その日の授業で和文英訳の宿題として配った。学生はみな日本語のネイティヴ・スピーカー**なわけなのだから**、このセンテンスをどう考えるか教えてもらおうと思っている。

世界一簡単な英語の本

『ビッグ・ファット・キャットの世界一簡単な英語の本』という書物を初めて本屋で見かけた時、こんな題名の本を買う人は恥ずかしくないのかな、と思った。というのも、逆のケース、たとえば『デカいデブタヌキの**世界一簡単な日本語の本**』だった場合を想像してほしい。私ならば、いくら自分の日本語力の貧しさに悩んでいても、レジまで持っていって「これ、ください」と頼むことなど相当の勇気が要るはずだ。

が、それは世間知らずの大学教授の杞憂に終わった。『ビッグ・ファット・キャット』を「アマゾン・ジャパン」で検索してみると、「(英語が)頭の中に散らかっている人向け」「楽しかった」「とにかく『最後まで読み通す』事ができる本です」といった見出しがつけられている個人の「レビュー」が表示され、また、「この本を買った人はこんな本も買っています」という欄に『世界がもし100人の村だったら』『英語で日記を書いてみる――英語力が確実にUPする』『はじめまして数学(1)――自然数を追え　無限を摑まえろ』がリストアップされていた。これを見ると、この本のネーミングのカシコサにもやはり納得がいくようになるのである。いずれにしても、英語を使えるようにな

りたい人は、何もしないより、何かをした方がよいに決まっているので、タイトルなど、本当はどうでもよいことだろう。なにも目くじらをたてる必要はないのだが、やはり気になった。

滞日の「英語教育者」としては無責任なことかもしれないが、私は、英語に関する日本語の本をめったに読まない。母国語のこととなると、なんだかぴりぴりして、おおらかには読めないことが多いのだ。たとえば、『ビッグ・ファット・キャット』の場合、"The cat scratched Ed."（猫はエドをひっかいた）という英語が紹介され、それには、いつ ──「yesterday morning（昨日の朝）」／どこで ──「in the kitchen（キッチンで）」／どのように ──「again（また）」と「付録を付けてみる」というレッスンがあるのだが、出来上がる英語は、"The cat scratched Ed again in the kitchen yesterday morning." もしくは "Yesterday morning, the cat scratched Ed again in the kitchen." という二つのセンテンスである。読者によっては、これを見て「なるほど」とうなずく人もあるだろうが、私はカリカリして文句をつけたくなってしまったのだ。

具体的にいえば、まず《どのように ──「again（また）」》は、いったいなんのことだ、と訊きたくなる。「エドをどのようにひっかいたんですか」と訊かれたら、「また・ひっかいたんです」と答える人がいるかという、要する

に説明に使われている言葉の正確さに対する疑問である。また、出来上がった英文にも苛立ってしまう。これも《どのように──「again（また）」》と関わる問題だ。簡単に言えば、著者はこのセンテンスで「猫はまたエドをひっかいた」と伝えようとしているのは明らかだが、はたして「またキッチンでひっかいた」のつもりで例文を作ったのかどうかは、疑問である。著者が英語で意図したことは「またキッチンで」なのではなく、単に「またひっかいた」、そして「今回はたまたまキッチンでひっかいた」ではないのだろうか。ところが、"again in the kitchen" という語順である以上、どうしても「またキッチンで」になってしまうのだ。もし、そういうつもりでないのであれば、"Yesterday morning in the kitchen, the cat scratched Ed again." と書けばよいのだが、本では、"The cat scratched Ed again in the kitchen yesterday morning." の語順に関しては、こう説明されている。

《最後に、付録は基本形の後ろだけでなく、前にも付けることができるのを知っておいて下さい。先ほどの例文のうち、付録のひとつである「yesterday morning」を前に出すとこうなります。

Yesterday morning, the cat scratched Ed again in the kitchen.

文を読みやすくしたり、付録のうちのひとつを特に強調したりなどの理由で前に出すわけですが、基本的に付

録は後ろだと思っておいて下さい。前に出るのは主に「時間」に関する付録が多いようです》(傍点筆者)

　この説明には、タイトル以上に驚かされた。英語の「簡単化」にもほどがある。誰にも「基本的に付録は後ろだと思って」ほしくない。たとえば、川端康成の小説『山の音』の冒頭のセンテンス「尾形信吾は少し眉を寄せ、少し口をあけて、なにか考えている風だった」を英語で言えば、"With his brows slightly knit and his mouth slightly open, *Ogata Shingo seemed to be thinking about something.*" となるのだが、もしこれを "*Ogata Shingo seemed to be thinking about something* with his brows slightly knit and his mouth slightly open." にすると、「*seemed*＝〜風」は「なにか考えている」の部分のみにかかるのではなく、「眉を寄せている風だった」と「口をあけている風だった」というわけのわからない英語になってしまう、ということも覚えておいてほしい。

　しかし、前述のWeb上の個人「レビュー」を読むと、「勉強になった」という声ばかりなので、勉強の本としては十分価値があるようだ。これで英語が好きになれば安いものだ。ただ、英語を母国語とする私が読むべきものではなかったというだけのことだろう。

「ナイスミドル」から逃れたい

　新しい商品名や広告のキャッチコピーは、プロの目なら商売の上で効果的かどうかすぐ判断できるだろうが、業界と関係のない一般の人は、たいてい、個人の趣味や感覚に基づいて「巧い」とか、「やめてほしい」とか、「どうでもいい」といった反応をするにとどまる。

　後者の「一般の人」に属する私の場合、日本の広告の中でいちばん好きなのは、たとえば、昔ちょっとした話題となった「通勤快足」のように日本語の洒落になっているようなものだ。一方で、たとえば、対米テロの後に旅行業界で問題となった"日本人のアメリカ旅行キャンセル現象"への対策として広告に使われた"Let's America!"のように英語にもなっていない"英語もどき"のコピーは、真っ先にやめてほしいと思う（もちろん、こういう個人的な好き嫌いは、ちゃんとした理屈に基づいているわけではなく、英語を母国語とする一人の日本語学習者の単なる感情的な反応に過ぎないことは、認める）。

　日本語コンプレックスに陥りがちな私は、「通勤快足」のようなコピーを見かけると、その日本語の"遊び"が面白いということだけではなく、「日本語の洒落がわかった！　俺、そんなに馬鹿じゃなかったんだ」と、劣等感が

あやしい英語とまがいものの日本語

幾分か和らぐという嬉しさもある。一方、"Let's America!"のように出鱈目な〝英語〟に出会ってしまった場合、「"Let's"の後に名詞を付けるか、あほっ！ "Let's"の後にゃ動詞しか考えられないってことくらい、英語を10年もやっていてわからないのか！ もし、ニューヨークに行って、英語の広告の中に唐突に『日本ましょう！』なんて〝日本語〟が出てきたら、どんな気持ちになるのか、少しは考えてみたらどうだ」と、さらに感情的な反発が起こりうる（が、実は、不思議なことに、もしこのローマ字の"Let's America!"が「レッツ・アメリカ」と片仮名で書かれていれば、見た目は英語ではなく、ある種の日本語だから、これといった抵抗は感じない）。

英語が用法としては間違っていなくても、目にすると不気味な気持ちになる宣伝文句もある。たとえば、東京は青山通りの表参道近くには、大きな看板がビルの上にいくつも並んでいるが、その中でも夜になるととりわけ目立って、今でも覚えているのがスポーツ用品のメーカー、アディダス・ジャパンの宣伝である。そこには、一人の日本人のサッカー選手の顔がデカデカと映し出され、胸の上の部分には、わざわざ、

We are Japanese.
と書いてあった。コピーはただそれだけ。逆に、もし日本人がニューヨークまで行って、夜のタイムズ・スクエアにギンギラギンと並ぶ看板の中に、一人のアメリカ人サッカ

一選手の顔が同じようにデカデカと浮き上がり、その選手の胸の上の部分に、わざわざ、
「私たちはアメリカ人です」
と日本語で書かれているのを見かけたら、不気味な気持ちにならないのだろうか。

　先日、ある女子学生の書いた「私の東南アジア旅行」というテーマの英作文を添削していたところ、彼女がマレーシアの電車の中で知り合った地元の女性をこんなふうに描写しているものに出くわした。

She was a nice middle intelligent woman.

もし、読み手が日本語を知らない人間であれば、このセンテンスの意味を「彼女はほどよい感じの、頭のよさが中くらいの女性だった」としか解釈しようがないのだが、日本人であれば、"nice middle…" を見て和製英語の「ナイスミドル」を思い浮かべて、彼女の言いたいことがだいたいわかるだろう。私にとって、「ナイスミドル」という日本語は、最初に目にした時から「とにかくやめてくれ」という範疇に入る印象的な言葉だったので、この学生の言いたいことは即座にわかったのだが、どうしてもそのまま素直に直す気にはなれなかった。思わずまた感情的になってしまい、「９年も英語をやっているのに、〈ナイスミドル〉は本当の英語じゃないのかもしれない、とりあえず辞書でチェックしてみよう、といった程度の感覚はできていないのか」と、「ナイスミドル」を平気でそのまま（しかも女

性に対して！）英語として使ってしまった学生を責めたくなってしまった（結果的には、そんなこともできず、ただ「これ、和製英語ですよ」と指摘して添削しただけなのだが）。

　しかし、一般の日本人の中にも、英語に対して感情的になる人は少なくないようだ。実際問題として、中学の時から強制的に国民全員に、いやでも英語を覚えさせようとするやり方を改めない限り、そういった感情的な反応はなくならないだろう。先日、本屋で英語学習コーナーを覗いてみると、帯に「"二流英米人もどき"にならないために」というキャッチフレーズが大きく書かれている本が目にとまった。また、『英語達人列伝──あっぱれ、日本人の英語』（斎藤兆史著・中公新書）という本のカバー袖には「『日本人は英語が苦手だ』という通念など、信じるに足らない。かつての日本には、驚嘆すべき英語の使い手がいた。日本にいながらにして、英米人も舌を巻くほどの英語力を身につけた〈達人〉たちは、西洋かぶれになることなく、外国文化との真の交流を実践した……」というコピーが書かれており、ビックリした。そして、私も「二流英米人」に入るのかな、私がこれまで「実践」してきた「外国文化との交流」は、はたして「真」のものだったのだろうか等々、いろいろ不安になって、この２冊をすぐ買って読んでみることにした。

「てめえたちの英語は…」

　これまで、日本のラジオやテレビに出演する機会が何度かあったのだが、毎回酸欠状態になるくらい上がってしまったため、普段なら話せるはずのごく簡単なレベルの日本語でも、どうしても口からスムーズに出ず、出演は結局どれも失敗に終わった。やはり、自分は性格的にそういった仕事には向いていない、と割り切ってあきらめるしかなかった。まあ、とくに憧れている世界でもなく、たとえその後、格好悪く放送された自分を恥ずかしくは思っても、「俺はダメな男だ」などと深刻に落ち込まずに済んだ。ただ、もし日本語ではなく英語であれば、きっと上がったにせよ、だいぶ話せただろうに、というようなささか悔しい気持ちは確かに残った。

　こんな話を思い出したきっかけになったのは、先日観たテレビのニュース番組での短いインタビューである。日本人と結婚していて、滞日20年に及ぶアメリカ人の女性がレポーターに「住んでいるの家はあるから、できるの仕事はたくさんです」という、言いたいことがつかみにくい日本語でコメントをしていた。それを観て、彼女は私と同じようにちょっとした悔しい思いをしたのだろう、と想像した。外国語のことだから、悔しがってもしょうがないのだが、

あやしい英語とまがいものの日本語

人間ならたいていそのくらいの感情は覚えるものだろう。

似たような問題だが、アメリカの大学院で日本文学を勉強していた頃、院生同士のライバル意識を強く感じた。たとえば、自分の喋った日本語の誤りや、読んでいる日本語の文章の意味に対する勘違いなどをみんなの前で先生に指摘されると、誰もが、まるで人間性を傷つけられたような気持ちになり、ひどい場合、自分の〝尊厳〟を無理にでも守ろうとして、先生の指摘の方が間違っていて自分は正しい、というような愚かな反論まで持ち出さずにはいられないほど感情的になってしまうこともあった。

前に「一般の日本人の中にも、英語に対して感情的になる人は少なくないようだ」という話を取り上げた。

この〝感情問題〟に関しては、まず、『英語達人列伝』に、とても刺激的なところがあった。とりわけ、第Ⅲ章「斎藤秀三郎」の目玉とも思えるエピソードが面白い。

「驚くべきことに一度も海外に出ることのなかった斎藤だが、……**シェイクスピア劇を演じる英国人役者の英語がなっていないと罵声を浴びせる**ほど英語に自信を持っていた」(太字筆者)というエピソードなのだ。さらに詳しく説明すると、

「……母語話者と対等に渡り合うのは相当の自信がなければできない業だ。

ところが、英米の英語がまだ絶対的な規範として仰がれていた時代に、『ロミオとジュリエット』を演じる英

国人の役者に向かって、『てめえたちの英語はなっちゃいねえ』と英語で一喝した日本人がいた」
という話である。第Ⅲ章を読んでみた。この話が大きく取り上げられているのは、どうやら英語の上達に対する「諦念」をもってしまい、英米人に対する「劣等感」すら覚えてしまっている今日の日本人の士気を鼓舞するためのようである。私も自分の日本語の上達に対して諦めにも似たような気持ちと劣等感を覚えることが頻繁にあるのだが、それでも、この「自信を持っていた」というエピソードは、例として、きわめて不思議で無理があるように感じられる。もし、逆のケースであれば、どうだろう。たとえば、日本人の歌舞伎役者がアメリカ公演でいきなり「てめえたちの日本語はなっちゃいねえ」とアメリカ人の男に「罵声を浴びせられた」ような話であれば、日本人はただ「馬鹿なんじゃない？」と思うだけではないだろうか。

　しかし、それはそれとして、斎藤秀三郎は「てめえたちの英語はなっちゃいねえ」を英語で言ったそうだが、私は、まず、そこで具体的にどういう英語を使って言ったのか、ぜひ知りたい。とりわけ、「てめえたち」と「なっちゃいねえ」に当たる英語表現は、具体的に何という英語だったのか。そして、なんといっても、「『ロミオとジュリエット』を演じる英国人の役者」の英語は具体的にどこがいけなかったのか言ってみろ、と追及したくなる。ところが、この章をもう少し読みすすめてみると、そこまでは考えな

くてもよいことがわかる。

　「斎藤伝説を彩るさまざまな名台詞は、単なるはったりではなく、外国語としての英語を究めた人間の自信に裏打ちされたものであった。冒頭で紹介した、シェイクスピア劇の英国人役者に対する『てめえたちの英語はなっちゃいねえ』の罵声も、酔って発せられたものとはいえ、……」

ときたら、なんだ、酔っ払いの妄言だったのか、最初からそう言えよ、と腹を立てるどころかあきれてものも言えなくなる。

　とはいえ、たとえこんな説得力のないエピソードがあったとしても、英語学習法に関する著者の確固たる持論がいろいろ展開されており、この本は、実は、面白く勉強になるところがいっぱいある。

英語教育のかなしみ

　アメリカ同時多発テロ事件の直後に、アメリカに帰ることになった。向こうにいる間じゅう、毎日テレビニュースを真剣に観ていた。アメリカのマスコミでは、9月11日に起きたその事件の「総称」として、"Nine-one-one"という言い方が比較的早いうちに定着していた。これが月日のことだけであれば、表現として流行るはずはなかったのだが、皮肉にも、アメリカでは日本の"110"と"119"を合わせた警察・救急車・消防署への緊急電話番号が、たまたま"911"であり、そして、これは通常"Nine-one-one"と発音されるので、"Nine-one-one"は、早々とアメリカ中で使われるようになったのだ。

　あの頃、また、もう一つ「比較的早いうちに」ニュースで取り上げられるようになったことがあった。これは、事件を予想しなかったCIA（中央情報局）やNSA（国家安全保障局）などのアメリカの諜報機関に対する激しい批判であった。中でももっとも頻繁に耳にした具体的な批判は、それぞれの機関にはアラビア語がまともにできる諜報員がいないからダメなのだ、ということであった。

　確かに、一般的に言えば、アメリカは外国語教育を重んじる国ではない。外国語を使いこなせるアメリカ人の割合

はいたって低く、日本の文部科学省と同様に、アメリカ政府は毎年のようにこの「遺憾な実態」を詳述した白書を出しているにもかかわらず、一般のアメリカ人は、英語以外の言葉を覚える必要性を、現実には感じていないのである。が、その反面、ちょっとしたコンプレックスは持っている。とりわけ、4、5カ国語を流暢に操るスイス人とか、英語を自分よりきれいに発音するデンマーク人など、そもそもアメリカより歴史が長く、文明も洗練されているように思えるヨーロッパの人々に対する「言語的劣等感」が心の中にあるのだ。だから、「諜報機関にはアラビア語がまともにできる諜報員がいない」というニュースを聞いたアメリカ人の多くは、「けしからん、あいつら、何考えてんだ、しっかりしろ」と腹を立てながら、「やっぱり」というあきらめにも似た気持ちを抱くのだ。

　しかし、これはあくまでも一般のアメリカ人に関する話で、自分から進んで外国語をものにする、と固く決心してやり遂げるアメリカ人も当然いる。そういった意味では、日本の実態とさほど変わらないのだろう。つまり、日本語以外の言葉を覚える必要性を、現実には感じていないから、私生活を犠牲にしてまで学習する気持ちにはならない、というのが一般の日本人のパターンなのだが、自分から進んで外国語をものにする、と固く決心してやり遂げている日本人がいないわけではない。実際大勢いるのである。

　こんなことを思い出したきっかけは、前に取り上げた

『英語達人列伝——あっぱれ、日本人の英語』という本の
カバー袖に書かれている「『日本人は英語が苦手だ』とい
う通念など、信じるに足らない。かつての日本には、驚嘆
すべき英語の使い手がいた」という「励まし」のメッセー
ジである。この本では、「日本にいながらにして、英米人
も舌を巻くほどの英語力を身につけた〈達人〉たちは、西
洋かぶれになることなく、外国文化との真の交流を実践し
た」例として、『ロミオとジュリエット』を演じる英国人
の役者に向かって、「てめえたちの英語はなっちゃいねえ」
と英語で一喝した日本人がいたというエピソードが取り上
げられていたが、何もわざわざ明治時代にさかのぼって無
理な例を探し出すことなどないのではないか。今日の日本
にでも「いながらにして」英語力を身につけて、「西洋か
ぶれになることなく、外国文化との真の交流を実践」して
いる日本人がいくらでもいるのではないか——そんな疑問
が湧いてくる。実際私の知り合いにもそうした人が少なく
ないのだ。しかも、昔のエリート・インテリの例よりも、
今日の日本で英語を使いこなせるようになっている普通の
日本人の例の方がよほど参考になるのではないかとも思う
のだ。

　とはいえ、この本の著者である斎藤兆史氏（東京大学大
学院助教授）の気持ちは、十二分にわかる気がする。たと
えば、これは氏が「日本人のための英語」というエッセイ
（月刊『本』2001年12月号、講談社）で主張していることな

のだが、
 「日本語と英語が構造的にきわめて異質な言語である以上、日本語の母語話者をただ漫然と英語漬けにしただけでは高度な英語力は身につかない……
　蘭学の伝統を受け継ぐ通詞や英学者たちが（実践した）素読、句読、訳読、多読、そしてそれらを踏まえた口受など」
は、今の日本人の英語学習者にも必要だ、と主張したくなる気持ちもよく理解できるのだ。毎年、大学の授業で、2、3百人の新しい学生に出会うのだが、受験勉強で疲れきったせいか、英語の必要性を強く感じ、自分から進んで学習を続けてやろうと決心した人がその中に一人いるかどうかといった程度だ。ほとんどの場合、授業のために辞書を使うことすら嫌がるのだ。それでも英語を全員の必修科目にするのが、日本の大学である。教員がときどき感情的になってもしようがないだろう。

私は何も知らない

　今も忘れられない、とても刺激的な英文の話をしたい。
　私の勤めている大学では海外への留学希望者に対して書類を提出させている。「協定校派遣留学生募集」への応募書類は日本語で記すのだが、「留学での学習・研究計画など」というものだけは英文で書かなければならない。ある日、授業が始まる前、留学希望の女子学生がやってきて、「これから書くのですが、できれば、その英文を直してほしい」と言う。私は「いいよ。添付ファイルとしてメールで送ってね」と快くその仕事を引き受けた。以前、派遣留学生を選考する「審査員」の役職を務めたことがあったが、そのとき、学生本人が書いたままの英文か、ネイティヴ・チェック済みの英文なのかは、一目でわかるので、こういう好意は別にアンフェアなわけではない。なんといっても、選考をする方としては、書き手の本当に言いたいことが知りたいわけなので、直してもらった方がかえって審査しやすいのだ。
　２、３日後、彼女から英文のファイルが送られてきたのだが、なかに、こんなフレーズがあった。
　I'm a son of darkness.（わたしは、闇の息子です）
　一見するといささか恐ろしい、この具体的に何が言いた

いのか見当もつかないワンフレーズは、いったいどこから拾われたものだろう、そして、彼女はどうして大事な「応募書類」に自分が「闇の息子」なんて不気味な話まで持ち出していいと思っているのだろう、と不安に駆られた。

　いずれにしても、私の一存で添削できるような言い回しではないので、とりあえず本人に説明してもらうことにした。すると、結局、彼女が書こうとしたのは、悪魔崇拝カルトや、吸血鬼、あるいは、「男」としての自分の暗黒面などのような話ではなく、単に「わたしは、無知の人」だということがわかった。これにも驚いた。さらに訊ねると、こんな話があった。

　「つまり、"無知の人"って、要するに、"無知な人"ってことですか」

　「えっ？　あっ、はい、そうです」

　「要するに、"ignorant"のことですか。自分が"an ignorant person"だと、謙遜のつもりで書きたいわけですね」

　「……ああ……はい、たぶんそうだと思います」

　「でしたら、なぜ"son of darkness"なんて言葉を使うんですか」

　「いや、あの〜、辞書でそうなっていたんですけど」

　そこで、「何という辞書ですか」などと訊く必要はなかった。ほとんどの学生は揃って、数年前に受験用で買った『G...和英辞典』をそのまま使っているのである。たとえ、

総合的電子辞書にアップグレードされたとしても、入っている「和英」は、『G...和英辞典』に変わりない。また、私が授業で「受験勉強という特殊な作業では間に合ったかもしれませんが、これからの勉強は違いますから……」などと他の和英・英和辞典を薦めても、受験生時代からの辞書に対する愛着のせいか、誰も乗り換えようとしない。

しかし、それはそれとして、はたして『G...和英辞典』に"son of darkness"などのような英語がホントウに載っているのかどうか、半信半疑で調べてみると、驚いたことに、学生が言った通りだったのである。まず、「むち」［無知、無智］という項目は、

　　ignorance　無知、無学
　　darkness　無知
　　innocence　無邪気、天真爛漫；無知、無害

と、三つの範疇に分けられていた。私はこれを見て無性に腹が立った。「無知、無智」は、いつから「無邪気、天真爛漫；無害」という意味を持つようになったというのか、これじゃあ学生が混乱してもしょうがないじゃないか、と。しかし、そんなことを気にしている場合か、肝心な「闇の息子」を調べなきゃ、と"darkness"の用例を見ると、なんと「a son of darkness　無知の人」とあったのだ。

これだけである。何の説明もなく、ただ「a son of darkness　無知の人」。"Prince of Darkness"（暗黒の王子＝魔王サタン）くらいしか連想できない表現だから、判

断するのもきわめて難しいことだが、おそらく、19世紀の欧米で流行っていた、文化的偏見たっぷりの heathen *darkness*（異教徒の無知）や、無知蒙昧な輩 an *unenlightened* (uncivilized) people などのような「明」と「暗」の対照に見られる "*darkness*" のことか、と私は想像する。出版社を問わず、日本の和英辞典は、英和の方よりもはるかに「時代遅れ」の感じである。もっとも優れていると言える研究社の『新和英大辞典』にしても、私の手元にある版には、「その島の土人は無知蒙昧である。The inhabitants of the island are in an uncivilized state [in the darkest ignorance].」（傍点筆者）といった日本語用例が依然として載っているのである（もっとも、改定版ではすでに改められており、現在はさすがにこの用例は削除されたようである）。

　もちろん、学生の方、つまり、「無知な人」と「無知の人」とを区別もせず、そして "a son of darkness" を見て、「まあ、daughter ぐらいにしとこうか」という気すら起きなかった彼女にも問題があるだろうが、辞書を使おうと発想しただけで、「辞書使用拒否」が目立つこの頃の大学生にしては、まだ「無知ではない」方に思える。

ウソだろう、ウソでしょう

　来日するまでは、私は英語の時制を示す「形」の中でも、助動詞の "will" で表す未来形はおそらく日本人にとってわかりやすくて使いやすい方だろうと思っていたのだが、学生の書いた英文などを見ると、この助動詞の "will" の意味と使い方に混乱があることに気づいた。私には、この現象が少し奇妙に感じられたので、英和辞典と英文法書で "will" がどう説明されているか調べてみたところ、問題の一つの原因がわかった。参考書には、ウソが多いのである。

　たとえば、私のよく使う英和辞典で will を引いてみると、まず、こんなウソの「定義」に出会ってしまう。

　「will　1《単純未来》(1)…だろう、…でしょう」

　おもわず「バカ言え、んなわけないだろう?!?」とクレームをつけたくなる。

　はっきり言えば、will には、「…だろう、…でしょう」という言葉の意味はないのだ。些細な例であるが、たとえば、何かに困っていて不安そうな顔をしている友人に言ってあげる慰めの言葉として、"Don't worry——I'*ll* help you."（大丈夫だよ。僕、手伝うから）というのがごく普通なのだが、「大丈夫だよ。僕、手伝う**だろう**から」と慰めようとする人はいるだろうか。

あやしい英語とまがいものの日本語

　さらにおかしいことに、同じ辞典では「will　1《単純未来》(1)…だろう、…でしょう」と書かれているくせに、その「用例」として、「I will be seventeen next birthday. 次の誕生日で17歳になります」や、「John will leave for London on Monday. ジョンは月曜日にロンドンへたちます」などが取り上げられ、和訳には「…だろう、…でしょう」が使われていない。それもそのはずで、「私は、次の誕生日で17歳になるでしょう」と言ったら、英語では"I *think* I *will be* seventeen next birthday." や、"I will *probably be* seventeen next birthday." という、年に似合わず相当な健忘症としか考えられない、きわめて独特なケースになってしまうのである。

　また、同じように、「ジョンは月曜日にロンドンへたちます」を「ジョンは月曜日にロンドンへたつでしょう」に換えても、それは"John will leave for London on Monday."という意味にはならない。「～たつでしょう」なら、"John will *probably* leave for London on Monday." のような英語になるのである。

　和訳に「でしょう」を使った用例は一つだけあったのだが、それは「You'*ll* be in time if you hurry. 急げば間に合うでしょう」となっていて、この「～でしょう」は、単なる誤訳による「～でしょう」だ。"You'*ll* be in time if you hurry." という英語は「急げば間に合いますよ」ということを言っているのである。

続いて、こんなウソも——。
「2 《二・三人称主語の疑問文》…だろうか

Will he recover soon?　彼はすぐよくなる**だろうか**

Will you be free tomorrow afternoon?　あしたの午後お暇ですか

Will you be seeing him tomorrow?　あす彼に会うことになっているの」

まず、なぜ「《**二**・**三人称**主語の疑問文》」となっているのか、わからない。病気にかかった本人は、「《**一人称主語**の疑問文》」で "*Will I* recover soon?" と訊いてはいけない、と言っているのだろうか。いずれにしても、"*Will he* recover soon?" は、「彼はすぐよくなる**だろうか**」と訳してもよい場合もあるだろうが、「彼はすぐよくなりますか」と聞く場合も当然ある。同じように、"*Will you* be free tomorrow afternoon?" は、「あしたの午後お暇ですか」と訊くときがあれば、「あしたの午後お暇**でしょうか**」と訊くときもある。あるいは、"*Will you* be seeing him tomorrow?" は、「あす彼に会うことになっている**の**」だけではなく、「あす彼に会うことになって**いますか**」、「あす彼に会うことになっている**でしょうか**」、「あす彼に会うことになっている**のでしょうか**」など、さまざまなケースが考えられる。つまり、これはすべて日本語へのこだわりのみによるもので、英語の *will* 自体とは、何の関係もない。ここで *will* が使われているのは、単にこれから

（soon; tomorrow）の話だからである。

　入学試験の「英文和訳問題」の採点の際、たとえば、

I will contact you as soon as I find out the date of the next meeting.（次回の会議の日取りがわかり次第、連絡します）

を「和訳せよ」という問題があるとすると、「私は、次回の会議の日取りがわかるとすぐに、あなたに連絡する・で・し・ょ・う・」というふうな答案がいまだに多い。

　こういうものを見ると、不気味な感じがして、この「～でしょう」があるために正確な訳ではないので、1点減点すべきかと思ったりするのだが、そのとき、教わった通りに素直に答えただけの受験生の若い無邪気な顔が浮かんでくる。そして、でも、「"date"＝日取り；"contact"＝連絡する」ということもちゃんと覚えているし、まあいいか、と自分に言い聞かせて、結局は、つい減点なしにしてしまいがちである。が、このような甘い態度では、日本の英語教育は決してよくならない・だ・ろ・う・。

神話の力

　考えてみると、英語の受験勉強は諸刃(もろは)の剣である。確かに、受験生は一時にせよ英語の文法と語彙(ごい)を真剣に覚えようとしている。何もしないよりはマシだろう。入試のプレッシャーがなければ絶対にしない猛勉強の姿勢は、感動ものである。が、一方で、その後、入試に合格したとはいっても、英語の実力が身についたわけではけっしてなく、むしろ、残念ながら、受験のために覚えたコツしか残っていない場合が多い。また、受験勉強で叩き込まれるコツの中で大きなウェイトを占めるのは、入試によく出る英単語を、無理やり、それぞれ日本語の単語と一対一で対応させて暗記する、というやり方だ。これは本来なら一時しのぎに過ぎないはずで、当然のごとく入試のプレッシャーがなくなると、本格的な勉強はしなくなってしまう。しかも、その方法で身につけた「知識」は、生半可(なまはんか)なだけではなく、誤解だらけのものでもあるのに、以後これが固まるばかりである。その結果、日本ならではの英語に対する妙な**神話**が生まれてくるのである。

　たとえば、「maybe＝たぶん」という神話。毎年改めて驚くことだが、入学してくる１年生のほとんどが、どういうわけか、皆、この神話を信じ込んでいるのだ。

「maybe＝たぶん」という例が実は英語には一つもないにもかかわらず、だ。これは理屈抜きの信仰のようなものである。具体的に、"maybe" は、たとえば、Don't tell me to wait till tomorrow. Who knows what might happen tomorrow? *Maybe* we'll die tomorrow.（あしたまで待ってなんて言うな。あしたどうなるかわかりゃしないじゃないか。俺たち、あした死ぬかもしれないんだぞ）のように、日本語の「かもしれない」と同じ意味を持つ言葉である。つまり、「可能性は一応ある」ということだけで、それ以上の確信を表す言葉ではない。なのに、学生は、"*Maybe* we'll die tomorrow." を平気で「私たちは、あしたたぶん死ぬでしょう」と訳してしまうのである。そのとき、私が「こんな会話では、『たぶん死ぬでしょう』なんて言うはずがないのでは」と追及すると、「だって、"*maybe*" と言っているから、いいじゃないですか」と反論されてしまうのだ。こちらが「いや、実はね、〈maybe＝perhaps＝possibly＝かもしれない〉となるのが本当で、〈たぶん〉は "probably" のことだよ」といくら説明しても、神話の方が依然として影響力があるらしく、"maybe" がまた出てきた場合、同じことの繰り返しになる。

たとえば、映画『卒業』の――BEN: Are we getting married tomorrow?（僕たち、あした結婚する？） // ELAINE: No.（だめ）// BEN: The day after tomorrow?（あさっては？）//ELAINE: I dont know. Maybe we are and maybe we aren't.（わからない。するかもしれない。しないかもしれない）というセリフにある"*Maybe* we are and *maybe* we aren't."の場合、学生は「私たちはたぶんするでしょう。そして、私たちはたぶんしないでしょう」と無理に訳し、なんとか「たぶん」を捨てずにねばる。

こうした根強い神話は実に多い。たとえば、「expect＝期待する」というのを誰も疑わないようだが、では、新聞記事で、"Experts *expect* a major Mt.Fuji eruption within the next 3 years."（専門家は3年以内に富士山が大爆発するだろうと予測している）と書かれている場合、その専門家が富士山の大爆発を**期待している**ということになるだろうか。あるいは、「challenge＝挑戦する」もまさに学生にとっての一般常識となっているのだが、では、「彼女は、TOEICに挑戦した」ということなら、これは英語で"She *challenged* the TOEIC."になるというのか。実は、この英語は、まるで彼女が「おい、TOEICくん、あたしに挑戦する気があるんなら、挑戦してみろよ」というように、試験を挑発したという意味である。

英文添削の仕事をする際にも、このような神話に出会う。たとえば、新しい段落の冒頭に"By the way,...,"がよく現われる。"By the way,...,"は、言い換えれば、"Incidentally,...,"ということで、日本語では「ちなみ

あやしい英語とまがいものの日本語

に、…」や、「ついでながら、…」などといった感じの表現である。ところが、その段落の内容自体は、どう見ても、「ちなみに、…」「ついでながら、…」といった感じのことではない。筆者に訊ねると、必ず「これは〈ところで〉という意味です」と言う。つまり、別な話題をもち出す場合、たとえ「ちなみに」ではなくても、日本語なら頻繁に「ところで」とつなぐし、また「ところで＝By the way」と思い込んでいるので、"By the way,...,"と書いたわけだ。が、"By the way,...,"には、そうした機能はない。真面目な学術論文の段落の冒頭に、妙に口語的に感じられるこうした"By the way,...,"が突然登場すると、読む者は不気味な気持ちにもなりかねない。

　ちなみに、"By the way,...,"と同じ意味をもつ"Incidentally,...,"となると、学生の多くは、この言葉の意味を「付随的に」としか覚えていないらしい。おそらく、たとえ受験用の単語帳に「**付随的に、偶然に；ついでながら、ついでに言うと、ちなみに**」などのようにその他の表現がたくさん載っていたとしても、太字の「**付随的に**」だけしか暗記するゆとりがなかったのだろう。こうした付け焼刃的なプロセスこそ、英語に対する理解が英語のリアリティからかけ離れ、神話が誕生する所以ではなかろうか。

リアリティ・ギャップ

　私は大学のゼミで「ジャズ・スタンダードとソウル・ミュージックの歌詞」というテーマを扱ったことがある。ここで学生は毎週自分で選んだ曲を和訳して発表したのだが、ジャズ・スタンダードの歌詞は洗練されていて、けっこう洒落(しゃれ)ているものが多いので、かなり難しい。一方、ソウル・ミュージックの方は、表現があまりにも率直で、日本語に直すと、気恥ずかしくなる歌詞も多い。いずれにせよ、最近の日本の大学生は学力が全般的に下がっていると言われているにもかかわらず、このゼミの学生たちの和訳は傑作ぞろいで、感心させられるものばかりだった。これは、私の所属している学部では見たことがないくらい珍しい現象で、なぜこの年のゼミ生にこんなに言葉のセンスがあるのか理由は分からないが、大変うれしく思った。

　ところで、このゼミをやりながら、いささか大げさに言えば、日本社会全般の英語に対する意識を象徴するものに出会った。CDに付いてくる、いわゆる歌詞カードである。前期でとりあげたジャズ・スタンダードの歌詞カードの多くは、なぜか歌詞のみで対訳までは付いていないものが多かったが、いずれにしても、驚くほどデタラメなものばかりだ。それを販売している企業がいかに「英語はどうでも

あやしい英語とまがいものの日本語

いい」と考えているかがよくわかる。

　たとえば、些細な例だが、エラ・フィッツジェラルドのCDに入っている、スタンダード中のスタンダードである"*A Foggy Day (in London Town)*"（霧に包まれたロンドンの街）という曲の１行目"I was a stranger in the city"（私はその街ではよそ者だった）は、"I was a stranger in the *sea*"（私はその海の中ではよそ者だった）と、いくらなんでも歌の内容からはありっこない歌詞にされている。

　かと思うと、同じCDの"*You're Blasé*"（あなたは、世慣れすぎている）では、"You've no enthusiasm"（あなたは、もう熱くなれないのね）が"You've *known* enthusiasm"（あなたは、熱心を知ったことがある）となったり、３回ほど歌詞として現われる"You're blasé"という題名自体も"You're *blasing*"と、ありもしない英語になったりしている。

　しかし、きわめつけは、酒の比喩が巧みに並べられている"*You Go to My Head*"（あなたは、私を酔わせてしまう）の歌詞だ。この歌では、"like a sip of sparkling Burgundy brew"（ブルゴーニュのスパークリングワインの一口のように）が"like a sip of sparkling *bird*"（きらきら光っている鳥の一口のように）、また、そのすぐ下の"like the kicker in a julep for two"（[２人で一緒に飲むように作られている] ミントジュレップに加えられたバ

ーボンのように）が "like the kicker in *the jury* for two"（2人用の<u>その陪審</u>に入っているキッカーのように）と、実にわけのわからないことになってしまっているのである。

　これは、別にこのCDだけの話ではなく、このゼミで取り上げた他のものについても、だいたい似たようなものだ。いちばん笑えたのは、ビリー・ホリデイのCDで、英語の慣用表現 "Heaven knows～"（間違いなく、～だ）が "Heavy nose"（重い鼻）となっていたことだ。

　もし、国内アーティストのCDにこんなにトンデモない「歌詞」が付けられたら、ファンからの苦情が殺到し、回収されることにもなりかねないだろう。また、いうまでもなく、歌詞自体がこんなにとんちんかんになっていると、対訳に至っては、もう目もあてられない。ジミー・スコットの "*Sycamore Trees*" の冒頭の歌詞は "I've got ideas, man"（俺、いろいろ考えてるんだ）なのだが、日本版のCDでは、これが "I've got idea man" となっており、対訳は「私には、<u>アイディアマン</u>がいる」となっているのだ。

　この珍妙な「英語」と「日本語訳」が、たとえば、学生の書いたものであれば、まあしょうがない、とちょっとがっかりする程度で終わるだろうが、大手の企業が現に商品として販売しているのを見ると、格別な気持ちの悪さを覚えてしまうのだ。

　いずれにしても、こうした歌詞カードが象徴的に物語っ

ているのは、まず、「英語なんてどうせ俺たちには意味があるものではないから、気にすることもない」という態度だろう。誰が見ても、こんなはずがない、と当然思われるような文章でも、どうせ英語だから、わかりはしない、印刷して販売してもいい、という態度。「おい、内田！ お前、ESSだったろう。今度出すやつの歌詞と対訳、作っときな」といったお手軽な姿勢から、それは生まれたのではないかと想像されるのだ。

　日本では、歌詞に限らず、ごく日常的なレベルでも、英語は日本語と同じようにちゃんとした意味をもつ言葉だ、と特に思われていないような気がする。言い換えれば、英語の現実に関して、大きな「リアリティ・ギャップ」があるように感じられてならない。

異文化との遭遇

　この前、某出版社の3人の編集者と食事したとき、美味しいワインのおかげで話が次第に弾むようになったのはいいのだが、私はそのうち、3人の会話についていけなくなった。彼らの日本語がわからないわけではないのだが、会話に入ろうとしても、いつもワンテンポほど遅れてしまい、うまくいかない。外国に暮らせば誰もが経験することだが、まだまだネイティヴには及びもつかないことを改めて思い知らされて、翌日からしばらくの間、落ちこんでいた。

　だが、日本に来て間もない頃の自分の、日本語や日本の生活様式に対する無知や誤解などを思い出すと、今の悩みなどかなり贅沢に思える。あの頃は、まるで大人たちの言動がよくわからなくて、常に誤った解釈をしてしまう子供に戻ったような感じだった。先日、研究室を片付けている際、あの頃の自分を思い出させる本が出てきた。イギリスの有名な劇作家であるクリストファー・ハンプトン脚色の *The Ginger Tree* という NHK-BBC 共同制作テレビ・ドラマの台本である。舞台は明治期の日本。その撮影ロケ地を決めるために、ハンプトン本人が生まれて初めて来日したときの数週間の体験を書きとめた「日本日記」がこの台本の序文となっているのだが、ある日のところにはこう

あやしい英語とまがいものの日本語

書いてある。

At the shrine I stood among crowds who applaud loudly before praying and throw small change into coffers, and watched a mass baptism ceremony......

「神社に集まる大勢の参詣客に混じって見ていると、彼らはまず派手に拍手をしてから祈りを捧げ、小銭を賽銭箱に投げ入れている。それから集団洗礼の儀式を行うのだった……」

Finally we took the taxi on to Lake Chuzenji at the foot of Mt. Nantai (or Mr. Nantai—Nantai-san——as the Japanese whimsically prefer) where we took an iced coffee of unexampled hideousness......

「最後にわれわれはタクシーに乗って男体山のふもとの中禅寺湖を訪れた（この山を、日本人は奇抜にも〝男体サン〟、つまり、〝ミスター男体〟と呼ぶことを好む）。そこで飲んだアイスコーヒーの味たるや類例のないくらいすさまじいもので……」

大勢の参詣客が柏手を打っている光景を見て、派手に拍手していると間違った（crowds who *applaud loudly before praying*）ことや、数人の赤ちゃんのお祓いを集団洗礼の儀式と勘違いした（*a mass baptism ceremony*）ことなどは、自分の文化の「レンズ」を通してものを見る例として非常に象徴的に思える。また、日本語に対する勘

違い、つまり *Mt. Nantai* のことを「日本人は奇抜にも"男体サン"、つまり、"ミスター男体"と呼ぶことを好む」は、たとえば、日本人の小さい子供が両親の会話での「あの時、ふじさんはきれいでしたね」を聞いて「ふじさん」という人間のことと受け止めるのと同様、可愛い間違いである。無論、いかにもイギリス人的な「蔑みぶり」といった感じの "where we took an iced coffee of unexampled hideousness......"（そこで飲んだアイスコーヒーの味たるや類例のないくらいすさまじいもので……）とまでいくと、可愛さは完全に消えてしまうが、彼にとっては、周りの言葉や振る舞いがわからなくてさまざまなフラストレーションの溜まった一日だったはずで、アイスコーヒーのことは少しばかりの優越感を味わってみたかったというところだろう。

　在日年数の少ない日本語の学習者が、文法や語彙を多少覚えて日本語を *"social language"* として使おうとするときも、やはり、無力な子供に戻ったような気持ちを度々覚える。自分には当然備わっていない日本語らしい発想や日本的なこだわりが大きな障害となり、日本人と会話するたびに、相手に必ず違和感を感じさせてしまうからだ。その一時期は、人生が淋しいものになる。

　あるいは、アイデンティティの強い外国人の場合、別の意味でうまくいかないケースもある。たとえば、私の知り合いで、公衆電話でヒョコヒョコお辞儀している自分の姿

に気づいてショックを受け、日本での生活がもう長すぎたと思ったアメリカの男性がいた。そのくらいのことを気にするなら、故郷(くに)に帰った方がよいと私も思った。

　しかし、多くの場合、日本での暮らしが数年続くと、ものの見方がだいぶ変わり、日本語自体も段々と面白くなってくる。日本語の比喩的表現に出会うと、最初は少し妙な感じを受けても、すぐに馴染んで使ってみたくなるというのが最も多いパターンであろう。たとえば、邦画で初めて「お兄さん、お願い、足を洗って」などと聞くと、比喩とわかるまでは一瞬の時がかかるとしても、意味や気持ちはすぐに簡単に想像でき、アァなるほどと素直に納得もできる。

　永井荷風の『腕くらべ』を読んだとき、「今はどうやら腐縁(くされえん)とでも云ふやうな間柄になつてゐる」というとても印象的な文に出会った。日本人には当り前の言い回しにすぎないだろうが、「腐縁」という表現を全く初めて見た私は、日本語の、人間関係に対する語彙の豊かさに大いに感心したのである。「どういう風の吹き回しか」といった表現のように理屈がはっきりしている比喩もあれば、「気に食わない」などのように、全体の意味はわかっても言葉の組み合わせ自体、さっぱりわけがわからない表現もある。

　最も面白いのは、「何となくわかる」類いの表現であろう。小津安二郎の映画『晩春』（'49年）の印象的な一場面では、七里ヶ浜で紀子（原節子）と大学教授をしている父

親の助手である服部（宇佐美淳）が砂の上に腰をおろし、こんな会話をする。

紀子（明るく）「じゃ、あたしはどっちだとお思いになる？」／服部「そうだな……あなたはヤキモチなんか焼く人じゃないな」／紀子（微笑して）「ところがヤキモチヤキよ」／服部「そうかなァ」／紀子「だって、あたしがお沢庵切ると、いつだってつながっているんですもの」／服部「そりゃしかし庖丁と俎（まないた）の相対的な関係で、沢庵とヤキモチの間には何ら有機的な関連はないんじゃないですか？」／紀子「それじゃお好き、つながったお沢庵――？」／服部「たまにはいいですよ、つながった沢庵も」／紀子「そう？」（と微笑）。

この「つながった沢庵」の意味を意識したのは、２回目に観たときであった。昔、アメリカの映画館で初めて観たときには、この場面は英語字幕スーパーでは「スライス・ピクルス」の話になっており、全く意味不明だった。数年後、日本語を勉強し始めてから日本の映画館で改めて『晩春』を観て、この「つながった沢庵」の意味を具体的に説明できなくても、何となく「未練がましい、思い切りの悪い」ような気持ちを示しているらしいと思えた。しかし、こうした時にこそ母国語と外国語の違いも強く感じる。母国語の場合は「つながった沢庵」といった比喩に出会っても、「何となくわかる」と言えるのに対して、母国語でない場合は「何となくわかる・・・・・ような気がする」という程度で、

いつまでたっても自信が持てないのである。

　ところで、『晩春』で、七里ヶ浜の海沿いのドライブ・ウェイで紀子と服部が風を切って爽やかに自転車を走らせていると、画面に突然、英語の道路標識が映し出される。「CAPACITY 30 TON/SPEED LIMIT 35 MPH」と読める。次のカットにも、二人の自転車姿の前景に、出し抜けに英語の看板が大きく現れる。何もない海辺風景にいきなり「DRINK COCA-COLA」という菱形の看板が淋しく立ち、道路と平行した白い矢印には手書きで「OISO BEACH」と標示されている。

　この『晩春』という映画は、敗戦後とはいえ、現在とさほど変わらぬ教養豊かな人びとの穏やかな暮らしを映し出しており、だからこそ、そこに「占領」が気配だけでも感じられると、ドキッとする。多くの分野で世界の先導役を務める今日の日本しか知らない私には、占領時代があったことすら不思議に思え、具体的にどんな「文化接触」があったのだろうと好奇心にも駆られる。日本が６年半以上、ほとんど無条件にアメリカの支配下におかれていた様子をいくら想像してみても、ピンと来ない部分がある。そして、昔の映画や小説に「占領」下の日本が突然顔をのぞかせたりすると、何だか妙な気持ちになってくるのだ。

　同じ昭和24年から雑誌「改造文芸」などに分載された川端康成の『山の音』にも、占領がときおり登場する。主人公信吾と信吾の長男の嫁菊子が「若い男女の二人づればか

り」の新宿御苑で待ち合わせして、まるで純粋なデートのような雰囲気の中で散歩する場面も印象深い一例である。「(菊子は) 美しい肩を動かして、信吾を見つめた。肩をどう動かしたのか、信吾の目はとらえられなかったが、そのやわらかい匂いに、はっとした。……喬木に重いほど盛んな緑が、菊子の後姿の細い首に降りかかるようだった」に続き、「池はやや日本風で、小さい中の島の燈籠(とうろう)に白人兵が片足をかけて、娼婦とたわむれて」いる姿が描かれるのである。このような「穢れ(けが)」としての占領、とりわけこの描写のように美しく清らかな中に唐突に現れる「穢れ」は、小さくとも無視できない衝撃のように感じられる。

『ニュースに見る昔の日本』というNHKのBSテレビ番組は戦後、映画館で流されていた「ニュース映画」を観せてくれる興味深い番組だったが、ある日放送された昭和24年の上野公園の花見の光景はかなり強烈だった。今日の日本人からは想像もつかない荒れ方で、全く無茶な酔っぱらいが信じがたいほど多く、女性同士の殴り合いまであった。振り返れば、アメリカの大学院で教わった「占領史」では、アメリカ側からみた日本国民の「素直さ」が強調されることはあっても、その素直さの裏に隠された精神的ストレスなどについては、特に言及された覚えはない。

あやしい英語とまがいものの日本語

「固定観念」は手強い
・・・・・・・・・・・・・・・・・・・・・・・・・・・・・

　オリジナリティーあふれるチャーミングなコメディーとして欧米でも高く評価されている邦画『Shall we ダンス?』は、次のナレーションから始まる。
「社交ダンスは、ヨーロッパではボールルーム・ダンスと呼ばれ、ルイ王朝時代の宮廷ダンスが始まりと言われている。その後、世界各国のダンスを統合し、イギリス・スタイルに整理されたものが今日(こんにち)日本で知られている、いわゆる社交ダンスなのである。ボールルーム・ダンスは、ヨーロッパにおいては、一つの教養であり、また、子供からお年よりまでが楽しめる健康的な娯楽でもある。スコットランドの政治経済学者で哲学者でもあったアダム・スミスは言っている──『舞踊と音楽は、人間自身の発明した最初にして最も初期的な快楽である』」
　最後の「最初にして最も初期的な快楽」という(英語の熟語 "first and foremost"「最初にして最も重大な」の誤訳による?)意味不明の部分を除けば、このナレーションは分かりやすく、作品への「入り方」としてとてもふさわしいと思う。これは、社交ダンスに詳しい人がきわめて少ない一般の欧米人観客にとっても参考になるだろうし、また、こうした説明がわざわざ日本人の観客のためにつけてある

ことから、日本社会において社交ダンスが比較的マイナーな存在であることも想像できるはずである。

ところが、アメリカ版の『Shall we ダンス？』では、この冒頭のナレーションは、まったく違う内容になっている。

「日本では、ボールルーム・ダンスはとても偏見をもたれている。男と女が人前で抱き合って踊るなんて、恥ずかしいことだ——そう思われている。何しろ、夫婦が腕を組み、パーティに出かけることも恥ずかしい。その上、一緒に踊るなんてもっと恥ずかしい。ちなみに夫婦の間で『愛している』なんて言うこともない。夫婦なら口に出さなくても分かり合える、というのが日本人の考え方だ。踊る相手が妻以外、夫以外となると、今度は下心があってのことだと思われてしまうから、やっぱり恥ずかしい。そんな日本人でも、音楽に乗って楽しく踊れたら、どんなにすばらしいだろうと、心ひそかに、思っている」

調べてみたら、アメリカ人の観客に対するこの妙な「配慮」は周防正行監督本人の判断によるものらしいが、最初に観たときは、その逆だと思った。というのは、内容を見ると、いかにもアメリカ人のプロデューサーが、一般アメリカ人のもつ「日本人に対する固定観念」におもねった方がウケるだろうと判断してこの「説明」をつけてもらった、という感じがしたからである。

いずれにしても、この新しいナレーションは日本語だか

ら、どうせ一般アメリカ人が聞いても分からない、というわけで英語字幕スーパーもついている。が、これがまたさらに妙な印象を与える。英語字幕はこうだ。

In Japan, ballroom dance is regarded with much suspicion.
「日本では、ボールルーム・ダンスはかなりいかがわしいものと見なされている」

In a country where married couples don't go out arm in arm, much less say "I love you" out loud, intuitive understanding is everything.
「夫婦が腕を組んで出かけることなどまずなく、ましてや〝愛している〟などと言い交わしたりしないこの国では、以心伝心がすべてに幅をきかせているのだ」

The idea that a husband and wife should embrace and dance in front of others is embarrassing.
「夫婦が人前で抱き合って踊るなど、恥ずかしいもいいところ」

However, to go out dancing with someone else would be misunderstood and prove even more shameful.
「といって、夫や妻以外の相手と踊りに出かけたりすると、これまた白い目で見られて、もっと恥をかいてしまう」

Nonetheless, even for Japanese people, there is a secret wonder about the joys that dance can bring.

「とはいえ、そんな日本人でも、ダンスができたらどんなに楽しいだろうと、ひそかに憧れているのだ」

アメリカ版を初めて観たとき、この英語字幕は先の「アメリカ人向け」に改変されたナレーションの訳であるというより、逆にアメリカ側の「つけたかった」英語字幕が先にあって、その字幕に「基づいて」新しい日本語のナレーションが後で作りあげられたのでは、と思ってしまった。英語の方は表現が全体的にがさつで大げさであり、日本語の方は、むしろその傾向が幾分か抑えられているように思えたのである。これも考えすぎだったようだ。

そのなかで最も気になったのは、

to go out dancing with someone else would be misunderstood and *prove even more shameful*.

「夫や妻以外の相手と踊りに出かけたりすると、これまた白い目で見られて、もっと恥をかいてしまう」

という部分だ。

ナレーションにある「踊る相手が妻以外、夫以外となると、今度は下心があってのことだと思われてしまうから、やっぱり恥ずかしい」の "shameful" である。「不面目」や「恥辱」などという語感を伴うこの英単語は、何だか『菊と刀』のような世界を連想させる。だが、平成日本のリアリティとはかけ離れていても、「菊と刀」説における

日本人のイメージでいまだに満足している一般アメリカ人にとって、この"shameful"による「人格描写」は分かりやすく、しかも奇妙で面白いので、抵抗なく納得できてしまうのである。だが、せっかくこの映画で「日本人の人間としての豊かなバラエティー」が描かれていることを考えると、このナレーションはさらに残念に思える。

しかし、ここまでいかなくても、人が一般的に異文化に対して持つイメージとその文化のリアリティとのズレは、とても興味深いものである。これは車のラジオでＦＥＮ（現ＡＦＮ）を聴いて気づいたことだが、最近、在日米軍基地では、それぞれの施設に日本語の名前をつける傾向がある。最初に聞いたのは、"The Yujo Community Center"（ザ・友情コミュニティー・センター）というものであるが、その他、ボウリング場の"Tomodachi Lanes"（友達レーンズ）や、"The Samurai Café"（ザ・侍カフェ）、"The Sumo Lounge"（ザ・相撲ラウンジ）、"The Moskoshi Delivery Service"（ザ・もう少し配達サービス）というのもある。

「ザ・友情コミュニティー・センター」と「友達レーンズ」に関しては、やや違和感はあるが、まあ、米軍がこれだけ日本語を意識しているということは、けっして悪い現象ではなかろう。が、「ザ・侍カフェ」「ザ・相撲ラウンジ」までいくと、やはり抵抗がある。おそらく、この名前をつけた理由は「ここは日本だから」といった程度のものだろ

う。

「ザ・もう少し配達サービス」は、たぶん、ユーモアのつもりで、そば屋の出前など注文した物を催促した際に日本でよく耳にする、「も̇う̇少̇し̇待っててください」や「も̇う̇少̇し̇で届くはずですから」などから、「このネーミングはへりくだった感じで面白い」といった程度の発想によるものだろうと思うのだ。

こんな「米製ネーミング」を聞くと、東京でよく見かける、たとえば「エレガンスハイム・ゴールデン沼袋」などのような妙な片仮名ネーミングを思い出すが、「片仮名英語」は片仮名であるだけにさほど気にはならない。英語を母国語とする人間として気になるのは、ローマ字のままの英語である。

たとえば、私のよく観た『クイズ赤恥青恥』というテレビ東京の番組にも、そうした例があった。これは、「あなた、こんな常識、分かりますか?」といった調子で、「三権分立の三権って、何ですか」などと、「街の人に世間の常識クイズに挑戦してもらう」仕組みで展開していくのだが、司会の古舘伊知郎の話術とあいまって、日本語を学習する私にとって、面白い番組だった。

とはいえ、観る度にどうしても直したくなるところがある。日本のテレビ番組でよくあることだが、セットに英語のワンフレーズが大きく飾っておいてある。『クイズ赤恥青恥』の場合は、これが "COMMON SENSE" という英

語である。が、"common sense" は、この番組に登場する「常識」とは、意味がまったく違う。具体的に言えば、日本語の「常識」は「普通の社会人として当然持っている、または持っているべきだとされる知識や判断力」という意味なのだが、"common *sense*" は、文字通り、その一方の「判断力」しか意味しない。逆に、『クイズ赤恥青恥』の「世間の常識」とされる「知識」は、文字通り、"common *knowledge*" である。たとえば、「日本酒の原料は米」という常識は、ある種の知識（knowledge）だから "common *knowledge*" というが、淹れたてのコーヒーで舌にひどくやけどをした人が、じゃもう一口飲んでみよう、とは思わない「常識」は、特別な知識ではなく、どの動物にもある判断力（sense）である。だから、"common sense" という。英語では、この二つは当然区別されるものである。『クイズ赤恥青恥』に投書しようと思ったことはあったが、返事がもらえたとしても、きっと、視聴者には "common sense" の方が馴染みがあっていちばん通じるからこのままにする、といった趣旨になっただろう。

ところで、日本人とローマ字という関係自体にも、確かに微妙に複雑なところがあるようだ。たとえば、週刊情報誌『ぴあ』で音楽を探すと、海外アーティストは全て「ドーナル・ラニー・クールフィン」や「ニェ・ジダーリ」、「シュヴィーツェル・フォルクローレグルッペ」などと、ややこしい片仮名つづりになっているくせに、国内アーテ

ィストとなると、THE ALFEE や COALTAR OF THE DEEPERS、Dir en grey、Every Little Thing などと、ローマ字つづりで記載されていることが多い。これは、いかなる "sense" によるものなのだろうか。

あやしい英語とまがいものの日本語

「乳離れ」は難しい

　清水義範の作品で初めて読んだのは『永遠のジャック＆ベティ』（講談社）という短編小説集だった。7、8年前の話だが、読むうちに、ある種の虜になってしまった。彼の言葉の感覚の鋭さや、ユーモアのセンス、エスプリなどに、アメリカ人の私が惚れてしまったのである。

　以来、彼の新刊を楽しみにしている。これは日本人の楽しみ方とはちょっと違うのかもしれないが、日本語学習者の私には、日本語に関する何らかの発見や新しい理解を清水文学には必ず期待できることが、何より大きいのである。

　英語には "epiphany" という立派な一語がある。元々「神の顕現」という意味で使われていたようだが、今日では「本質（的意味）の突然の顕現〔知覚〕、直観的な真実把握」という意味が普通であり、

　"I experienced an *epiphany*."

などと使う。実は、十数年前に歌舞伎町の街角で一度、自分にも "epiphany" といえる事があって、のちにアメリカ人の知り合いにその体験を、上述のセンテンスそのままに、

　"I experienced an epiphany."

と説明した覚えがある。それは一瞬の、日本語に対する

109

"epiphany"であった。

　信号待ちで交差点に立っている時だった。傍らにちんぴらっぽい青年が二人いたのだが、片方が仲間に「じゃ、俺、行って・いる・ぜ」と言った。仲間が「ウン」と頷くと、青年はさっさと左後ろの路地に入って行ってしまった、というどうでもよい出来事だったのだが、私は頭が混乱していた。今の日本語は一体なんだったのだろうと。

　それまでは「〜ている」という日本語を、英語の現在進行形に相当する「進行しつつある事態を述べる形式」と思いこんでおり、人がまだ歩き始めてもいないのに「行っているぜ」と言えるのか、と本人に追及してみたかったが、しばらく、交差点に立ったまま、その場面を思い返して考えてみると、「要するに、日本語は時制なんか関係ないんだ」という"epiphany"があったわけである（かといって、青年の「行っているぜ」の具体的な意味が分かったわけではなかった。その晩、日本人の友達が「だから、相手より先に行って、そして相手が現れるまでそこにいるってことだろう。何だと思ったの？」と説明してくれたとき、さらに"mini-epiphany"を感じた）。

　この体験がきっかけとなって、すぐにいろいろ似たようなギャップに気づいた。たとえば、英語で、

"I can't imagine why Mai *hasn't come* yet."

と現在完了形で表現することを、日本語では「麻衣ちゃんはなかなか来・ない・ね」と、英語の観点からみれば、まるで

現在形か未来形かわからない形で表現する。あるいは、のちに窓から、こちらへ向かって歩いてくる麻衣ちゃんの姿を見かけたら（つまり、英語では現在進行形で "Oh, she's coming now." という場合）、日本語だと、やはり「来ている」ではなく「あぁ、来た、来た」と、まるで過去形のような形で言い、逆に、その場所にやっと着いた麻衣ちゃんに、たまたま電話がかかってきたら、出た人は「麻衣ちゃんですか？　はい、来ていますよ」と、また進行形にみえる表現で言う。つまり、あの時に "epiphany" があったとはいっても、これまでは英語の感覚が頭を占領していただけで、やっと当たり前な日本語に気づいたにすぎなかったのだ。

　英語圏の人間が日本語を身につけようとするとき、ピンとこない概念や馴染みのない構造、つかみきれない意味合い、不自然な感覚など、いろいろな問題にぶつかる。これらは皆、日本人が英語を身につけようとするときの問題の鏡像にすぎない。向きは逆だが、互いに対称をなしているのである。比較の意味はここにある。

　たとえば、英語の名詞に "the" がつくのか、"a" がつくのか、それとも何もつかないのかという、いわゆる日本人の「冠詞問題」に対して、英語圏の日本語学習者には「"は" と "が" の問題」がある。これは、最も簡単な例でいえば、「私は食べました」と「私が食べました」という二つの日本語のいずれもが "I ate (it)." という英語にみえ

るので、初心者はどちらも同じ意味に受け止めてしまう、といったような問題である。また、日本語を使う時も、「誰が食べたのか」と訊かれて「私は食べました」と答えたり、「もう、食べましたか」と訊かれて「はい、私が食べました」と答えたりする。

　一方、同じ単純なレベルの話だが、日本人の英語学習者は、たとえば、

"We found *a* solution." と "We found *the* solution."

という二つの英語をみると、いずれも「解決法をみつけた」という日本語にみえるので、それぞれの意味もさほど変わりはあるまい、と勘違いしてしまいがちである。学術論文の英文添削をするときに、この現象をよく見かける。たとえば、意識の上では「自分たちがみつけたのは唯一の解決法（*the* solution）であって、他にはないはずだ」といったつもりなのに、著者は "We found *a* solution." と書いたりし、逆の場合、「解決法はいろいろ考えられ、自分たちがみつけたのはその中の一つ（*a* solution）にすぎない」といったつもりなのに、"We found *the* solution." と書いたりするのである（たまに「冠詞なし」の "We found solution." などといった、ありもしない英語も見かけるが、これには具体的な意味がないので、先述の "a..." "the..." の例のように読者を誤解させる心配はないが、イライラさせる可能性は強い。しかし、「習得語」が英語か日本語かに関係なく、こうした「母国語の表現上で目立たない区別は、

外国語でも目立つまい」と思い込んでしまう「本能的な言葉の感覚」が、魅力的な母国語からの「乳離れ」の障害ともなる。ただ私は人間らしくてよい面もあるのでは、と思う)。

「〝は〟か〝が〟か」と「"the" か "a" か」の問題などは、一見無関係のようにみえるが、概念的につながっている部分もある。たとえば、ディズニー映画『美女と野獣』の冒頭のナレーションは、

"Once upon a time, in a faraway land, *a* young prince lived in a shining castle. Although he had everything his heart desired, *the* prince was spoiled, selfish, and unkind."

である。日本語吹き替え版のビデオは、これを、

「むかしむかし、遠い国の輝くお城に、若い王子様が住んでいました。王子様は何でも思いのままにできましたから、すっかりわがままになり、優しさを失ったのです」

と訳している。ここでは、いうまでもなく、最初のセンテンスで「若い王子様が住んでいました」と紹介されて初めて「王子様」が「王子様は」と呼ばれるほど特定の人物になるのだが、これは原ナレーションの "*a*" と "*the*" との区別に完全に相当している。

別の角度からみると、たとえば、「今がチャンス!」というチラシの文句にも、まさに "*a*" と "*the*" との区別が潜んでいる。「今がチャンス!」を英語でいえば、

"Now is *your* (one and only) chance!" = "Now is *the* (one and only) time for you to get this chance."

となり、逆に（これは宣伝文句としては失格だろうが）「今はチャンス！」という日本語にちょうど当てはまる英語は、

"Now is *a* chance." = "Now is *a* time for you to get this chance."

となる。つまり、日本語と英語との間には、表現の形がだいぶかけ離れてはいても、同じ論理が働いているのである。

日本語の助詞「て」と英語の接続詞 "and" にも同じ現象が見られる。具体的には、「昨日、風邪をひいて会社を休んだ」という日本語の「て」が、「風邪をひいた」ことと「会社を休んだ」ことの因果関係を表しているように、英語では、

"I had a cold yesterday *and* stayed home from work."

の "and" が十分に同じ程度の因果関係を表しているのである。しかし、この働きは十分に理解されていないようで、英語圏の日本語学習者は、とかく「細く、綺麗な人」と「細くて綺麗な人」のような日本語を混同しがちだ。また、英文を作ろうとする日本人は、たとえば、「昨夜、財布を落として現金３万３千円もなくしてしまった」ということなら、

"Last night I dropped my wallet, *so* I lost ¥33,000 in cash."

などと書くパターンが非常に多く、最も自然な"...and lost"はなかなか思いつかないようである。無論"..., so I lost"は理屈の似ている表現だが、この英語だと「昨夜、財布を落とした。だから現金3万3千円もなくしてしまった」という感じになる。

　ところで、論理的関係を示す表現自体はともかくとして、日本語と英語との間によくみられる「示そうとしている理屈」そのもののギャップもおもしろい。もう一度『美女と野獣』の冒頭のナレーションをみてみよう。

"Once upon a time, in a faraway land, a young prince lived in a shining castle. *Although* he had everything his heart desired, the prince was spoiled, selfish, and unkind."

日本語字幕版はこれを「昔、遠い国の輝く城に、若い王子が住んでいた。なに不自由なく育ったので、わがままなうえに、思いやりを知らなかった」と訳しており、先述の吹き替え版とほとんど同じことを言っているが、いずれも原作と反する理屈を表している。つまり、この日本語は、英語での、

"*Although* he had everything his heart desired, the prince was spoiled, selfish, and unkind."（ほしいものがすべて手に入ったにもかかわらず、王子はわがままな、思いやりのない人間だった）

という「逆接関係」を、「…何でも思いのままにできまし

たから、すっかりわがままになり…」、「なに不自由なく育ったので、わがままな…」と、思い切って「因果関係」に変えてしまっているのである。これは、言語の違いが必要とした改修ではなく、それ以前の、文化的に「決まり切った」ものの見方の違いが必要とした改修だろう。ここにも比較の意味があるようである。

あやしい英語とまがいものの日本語

「なぜ日本人は英語が下手なのか」

　10年ほど前、「なぜ日本人は英語が下手なのか」という妙な題名がつけられたシンポジウムに、パネリストとして招かれたことがある。私は「なぜ日本人はいつもこんなネーミングを好むのだろうか」という不思議な気持ちでいっぱいのまま会場へ向かった。そしてシンポジウム開始直前の楽屋で、他のパネリスト（3人の日本人）に紹介された時、その気持ちがさらに強くなった。3人とも〝日本人なのに〟立派な英語で流暢に喋っていたのだ。私は、ますますシンポジウムの題名に抵抗を覚えた。というのも、その3人と同じように、英語を十分使いこなせる日本人が実際にいっぱいいるわけだから、どうせ〝日本人の英語問題〟を考えるのなら、「なぜ日本人は英語が下手なのか」など論じ合うのはやめて、「英語が上手な日本人は、どうやって上手になったのか」を考えた方がよほど有意義だろうと思ったからだ。

　もちろん、気持ちはわかる。学校英語を6年もやって、そして場合によっては、受験勉強でもまた数年、大学の授業でも必修科目として単位もちゃんと取ったのに、依然としてろくに話せないといった不満を感じる日本人は確かに多い。が、そこで、話せない理由は単に「話せるようにな

るまで毎日自分で反復練習を続けてやったことがないから」という事実を率直に認める人は少ないようだ。なによりも「日本人だから」と思った方が、気が楽で、なんとなく自分の責任ではないような気分に浸ることができるのである。

「なぜ日本人は英語が下手なのか」という問題に対しては、さまざまな「見方」が世に出回っているようだ。「日本の英語教育は間違っている」という説から「日本人は言語認識に右脳を使うからしょうがない」という説まで、諸説ある。しかし結論としての落とし所は、話せないのは話せるようになる練習を続けていない学習者本人の責任ではなく、日本人に生まれた宿命なのだ、ということになってしまいがちだ。

　確かに日本の英語教育は間違っているかもしれないが、いちばん間違っているのは、日本国民**全員**に強制的に一つの外国語を覚えさせようとしているところではないだろうか。そんな考え方自体が甘すぎる。

　が、学校にはそうした作業が実際、義務付けられている。たとえ、英語をものにしようと固い決心をした人にしても、話せるようになるまでは大変な努力が必要なのだが、自分からそう思わない人も含めて**全員**ときたら、授業で無駄に費やす時間が多くなるはずだ。意欲のある人の場合、たとえ英語と日本語ほどかけ離れた言葉であっても、3年くらい集中的に取り組めば、そろそろ文学にでも挑戦してもよ

いくらいに上達するものだが、しぶしぶやっている人も含めて「全員揃って覚えさせる」となると、授業内容が薄まってしまい、誰一人としてさほどの上達はしない。些細な例だが、日本の中学校で３年間も行われる「オーラルコミュニケーション」などの〝英語学習〟は、たとえば「仮定法」の紹介まですら進まない。つまり、これは信じがたいことなのだが、公立高校の入試問題には「*If I were you, I'd go.*（私だったら、行くよ）」などのような簡単な英語を出題してはいけないということだ。受験生は、３年間も英語をやっているのに、まだ「事実と反する条件を表す仮定法」を教わっていないからである。これによって、中３の英語教科書でも、自然な会話を紹介するのが依然として不可能なのである。

そういえば、日本の中学の英語教科書に特有な文章には、こんなものもある。〈She saw a man. She thought, "I have seen him before."（彼女はある男を見かけた。彼女は思った。「彼を見たことがある」と）〉。なぜわざわざこんなにぎこちない文章を作るのか、なぜもっと自然な言い方で、〈She saw a man that she thought she had seen before.（彼女は見覚えのある男を見かけた）〉と書かないのかと訊ねると、"had seen"は、高校１年にならないと紹介されない過去完了形だからだ、という答えが返ってくる。これでは、ごく簡単な物語でも教科書には自然に書けないのである。

あるいは、〈I visited my older sister, who lives in Chicago.（シカゴに住んでいる姉を訪ねた）〉も中3の教科書には居場所がない。これを〈I visited my older sister. She lives in Chicago.／My older sister lives in Chicago. I visited her.〉などのような文にしないとダメなのである。関係代名詞を用いた"…sister, who…"のところには、カンマが入っているからいけないというのだ。これは、いわゆる「関係代名詞の・非制限用法」であり、これも高校生になるまで教えられないので、出題できないのだ。が、同じ"who"でもカンマがない〈I visited my older sister who lives in Chicago.「（私は姉が複数いるが）シカゴに住んでいる・方・の姉を訪ねた」〔いわゆる制限用法〕〉なら、大丈夫である。私の経験からいうと、この二つの「用法」が一緒に対照的に紹介されていないため、いつまでたってもその違いがわからないという日本人が実に多い。

今日(こんにち)の大学生の英語力は、あのシンポジウムの時から10年ほどの間に、確実に低下している。中学・高校で英語の時間が減らされたうえ、少子化問題で大学進学の競争率も下がっている、というのが主な原因であろう。また、大学入試の答案を見ると、中・高で簡単な会話を中心とする授業が増えたせいか、英文がますます読めなくなってきている。ましてや英文法など、何をか言わんや、というのが実態である。

あやしい英語とまがいものの日本語

　はたして、子供の頃から日本国民全員に〝学校英語〟を教える必要があるだろうか。外国語は若いうちに教わる方がよいというのは、確かに一つの常識かもしれないが、特に意欲もない大勢の人間に外国語を無理に学ばせようとしてもろくなことはない、というのも外国語習得の当り前の常識である。この辺のことをよく考えておかないと、「なぜ日本人は英語ができないのか」といった感じの〝国民的コンプレックス〟を植えつけるだけではないだろうか。

III 英語と日本語のあいだに

D・キーンの明治天皇伝

　英語圏で最も尊敬されている「日本学者」とも言えるドナルド・キーンの本は、たいてい、明快で品のある英文で書かれ、バランスのとれた内容なので勉強になる。私が最近読んだ彼の決定版的な「明治天皇伝」である *Emperor of Japan: Meiji and His World,* 1852-1912（『日本の天皇——明治とその世界　1852年〜1912年』）もまさにそんな感じの本である。本文だけで723ページもあって、きわめて細かい情報が入っているのだが、ページをめくるたびに面白い発見がかならずあるから、けっして退屈はしない（例：ペリー提督は、1853年に浦賀に現われる前に、小笠原諸島に寄り、父島で土地を買っておいた。当時の小笠原の住民は30人の混血——イギリス人とハワイ人とポルトガル人とアメリカ人の混血——の開拓者だけだったという）。『明治天皇』（上・下巻）という題でこの本の日本語版（角地幸男訳　新潮社）も出版されているが、原文で読んだ方がもっと面白いと思う。

　しかし、いずれで読んでも、明治の「世界」と今日(こんにち)の日本との類似点にはビックリさせられる。たとえば、"unnecessary construction"（不要な公共工事）の問題は、明治９年（1876）にもあったようである。木戸孝允がその

英語と日本語のあいだに

年の暮に建言した「6項目の大綱」は、まず「諸省の経費を節し不急の工事を止め、以て民力を休養すべし」と指摘していたのだ。あるいは、これと似たような問題になるのだが、明治14年（1881）の話まで読み進めれば、「鈴木宗男議員事件」を思い起こさせられるようなスキャンダルに出会う。キーンは、明治天皇を悩ませていたこのスキャンダルについてこう述べている。

"Kuroda〔北海道は自分の領地だと思い込んだ開拓長官黒田清隆〕had been angered by the sudden announcement that Hokkaido would become a prefecture. ….（黒田は、突然の廃使置県内命に怒っていた）／〔He〕asked permission to sell properties of the Development Office to a samurai of the former Satsuma domain named Godai Tomoatsu (1834-1885), who, while serving in the office, had founded a trading company in Osaka. ….（〔彼は〕、開拓使在勤中に大阪で商社を設立した五代友厚という旧薩摩藩の武士に官有物件を払い下げる稟請を出した）／The cabinet did not immediately approve Kuroda's request, ….（内閣はこの稟請をすぐには承認しないことにした）／The decision enraged Kuroda, who screamed imprecations at a certain high-ranking official, threw a candlestick at him, and completely lost control of himself.（この〔閣議の〕決定に激怒した黒

田は、ある高官に向かって罵ったり、燭台を投げつけたりして、自制心を完全に失ってしまった）"

あるいは、話がだいぶ変わるが、天皇の側近を永く務めた元田永孚は、明治11年（1878）の秋、北越の巡幸の際に訪問した学校で見てきた教室の様子をこう述べたという。

". . . the instruction offered to children of farmers and merchants consisted entirely of high-flown empty theories. In extreme cases, the pupils were able to speak Western languages well, but were incapable of translating the foreign words into Japanese."（農民や商人の子弟が受けていた教育は、もったいぶった空論ばかりだった。極端な場合、生徒は西洋言語を上手に話せていたのに、その外国語の言葉を日本語に訳せなかった）

私がこれを読んだ時に思い浮かべたのは、最近の「日本語の乱れ」を嘆く人の「このごろの若者は日本語をろくに知らないのに、小学校から英語を覚えさせるなんて、おかしい。もっと国語を大事にしろ」という趣旨の発言だった。

ところが、たまたまその後、角地幸男が日本語訳につけた注釈を見ると、こんな説明に出会った。「生徒が英語で話したことを、天皇は『日本語ニ反訳セヨト仰セツケラレタ』が、生徒は訳すことが出来なかった」。なんだ、要するに、生徒は天皇のために英語の音だけ丸暗記して、口に出した言葉の意味自体はわからなかっただけだったのか、

とまったく違う場面が想像できた。

　いずれにしても、ドナルド・キーンのこの本は、学問的にもなかなか優れており、当時の短歌やその他の歌が多く載せられているのも珍しい。私が特に面白いと思ったのは、西郷隆盛が設立した「私学校」の生徒が唄っていた「今も昔も神国なるに／ロシヤ、アメリカ、ヨーロッパ／馬鹿な夷風に目はくらみ／日本の乱れはかえりみず……」と始まる歌である。

　かつて、当時の森首相の「神の国」発言をめぐる騒ぎがあった時、その日本語自体より英語圏のマスコミで紹介された英訳の方を興味深く見ていた。というのも、どういうわけか、どの報道を見ても「神の国」は "divine nation" と訳されていたのだ。この英語では、「神々がいる国」や、「神々が創った国」「神々が守る国」などのように「国土」のことを想起させる要素はまったくなく、どちらかといえば「神なる国民」といったニュアンスが強い。正確に英訳するなら、land of gods にしてほしいと思った。「神の国」と「神国」とは、多少ニュアンスが違うかもしれないが、それでも、「私学校」の生徒が唄った「今も昔も神国なるに」という1行がこのドナルド・キーンの英訳では "Though this is the Land of the Gods／Today as in the distant past" となっているのを見ると、自分の日本語力に少しだけ自信が持てた。

もしも英語が話せたら

先日、新しい本を出したことがきっかけで、某FM局の番組に出演することになった。日本語・英語を問わず、喋るのは苦手な方なので少し緊張していたのだが、台本を見ると、経歴や趣味などについての簡単な話題の中に、たとえば「この本を本当にご自分で日本語でお書きになったんですか」などのように、答えやすい質問ばかりがリストアップされていたので、ほっとした。

英語では、こうしたインタビューのことを、訊き手の"lobbing softballs"と表現する（"lob"はゆるく投げるということで、"softballs"は手加減されて打ちやすい球を意味する。要するに、インタビューされる人が難しいことや不都合なことなどを訊かれる心配がなく、とにかく「応じやすい」ように考えられたインタビューのことである）。番組の担当者が私には"hardball"を投げてもしょうがあるまいと判断しただけかもしれないが、それでも助かった。

ところで、質問の中に、興味深いものがひとつあった。「マークさんは、今回の本もそうですが、わたしたちが英語を学ぶための本を、これまでにもお書きになってます。英語が日本の第二公用語になったほうがいいとお考えですか」というものを見かけた時、いささかビックリした。な

んだ、あの「第二公用語化」の話、まだ生きていたのか、と。

しかし、考えてみたら、たとえ真面目な「論」としては現実性がなくて早いうちに消えた話であっても、話題性だけはたっぷりあって、国民の意識の中からはさほど容易に消えないものもあって当然だろう。「英語の第二公用語化提言」は、2000年1月、小渕首相（当時）に提案された「日本のフロンティアは日本の中にある──自立と協治（きょうち）で築く新世紀」と題した報告書に載ったものだ。選挙権が与えられる年齢を18歳に引き下げることや、小・中学校の登校日を週3日に減らすことなど、そのほとんどの提言が忘れられたのに、「英語の第二公用語化」だけはいまだに現役の話題として残っている。どうやら、英語に対しては、とにかくなんとかしなきゃ、というような気持ちがあるようである。

これは大局的な提言に限らない。一般的な現象に対しても、次第に消え去るものと、消そうとしても消えないものは、確かにある。たとえば、日本の新聞広告に見られる「消えないもの」をあげると、まず「ガン根治」と「宇宙人啓蒙」と「英語習得楽勝法」という3種類が目立つ。具体的に、「キノコ20種複合　超濃縮エキスがガンを治す／20種複合だから威力を発揮!!」、「異星人からのメッセージ!!／今、この書が宇宙のすべての謎を解き明かす！」、「いいんですか、こんなにラクして英語をマスターして／

学生も社会人も、知らなきゃ損のマジカル効果！」といった調子である。これらに共通していることは、「本当かもしれない」と信じずにはいられない人が多くいるという点だろう。こういう広告を毎日のように見かけるということは、高い広告費を払ってもそれに見合うだけの売り上げがあって、決して業者は損することはない、ということなのだろう。

この現象は、「英語が日本の第二公用語になったほうがいいとお考えですか」という質問にも見られる気がする。まず「なったほうがいいか」の「なる」という動詞の便利な使い方なのだが、たとえば、いきなり「日本の政治家が嘘をつかない人間になったほうがいいとお考えですか」と訊かれたら、「そりゃ、なれるもんならなったほうがいいに決まっているじゃないか」と答えたくなってしまう。

第二公用語というものは本来、第一公用語ができない国民が多すぎて社会問題になってしまっている場合に、やむを得ず設けられるものなのだが、日本での「英語の第二公用語化」の話は、むしろ「そうすれば、日本人全体の英語力がそれで向上する」という「マジカル効果」を当てにしているようでおもしろい。

ついこの前気付いたことだが、自分が日本で暮らすなかで、その気がなければ英語でものを書いたり読んだりする必要はまったくない。また、大学の授業で英語を教えている時間以外には、人と英語で話すこともまったくない。授

業が行われていない夏休みなど、海外に行かない限り、英語の存在を忘れる日さえある。そんなときむしろ、イタリア語が話せたらもっと愉しいイタリア旅行ができるだろうな、とひとり夢想したり、「ワイン研究」のためにもイタリア語をやらなきゃ、とも自分に動機付けをしようとしたりする。だが、毎日きちんと時間を作って、反復練習を１、２年続ける必要を考えると、気が重くなって、結局なにもしない。もし、政府がイタリア語を日本の第二公用語にしてくれれば、私も、日本国民と一緒に、イタリア語が自然に上達する環境の中で、そのうち使いこなせるようになるかもしれない。そして、イタリアワインも日本の「第二公用酒」にしてくれれば、私の研究がもっとうまい具合に進むだけではなく、日本という国もまた、もっと世界に通じる国際的社会になるだろう……とはもちろん思わないのだが、そうなればいいのだが、と思うのもまた人情であり、それもまた、わからなくはない。

アメリカの古典芸能

　ある年のこと、1年間で2度ロンドンに行き、ウェストエンドの劇場街で合計16本の演劇を観てきた。ウェストエンドの客層は、演劇通から子供連れの観光客まで、劇の種類によってだいぶ異なるが、最も人気のある舞台は、依然としてブロードウェイ生まれのミュージカル（『ショー・ボート』や『オクラホマ！』『レント』『シカゴ』『ウエストサイド物語』『ライオンキング』など）である。

　ロンドンの劇場で、アメリカ英語訛りで喋ったり歌ったりし、体の動きまでアメリカ人を上手く表現しているイギリス人の俳優を見ると、感心する（逆に、イギリス人の役柄を、説得力をもって演じられるアメリカ人の俳優はきわめて少なく、メリル・ストリープくらいしか思い浮かばない。名優のアル・パチーノにしても、1985年の失敗作の映画『レボリューション　めぐり逢い』では、発音が学芸会っぽいスコットランド訛りになったり、本来の強いブルックリン訛りに戻ったりして、英語圏中の嘲笑の的となった）。

　『ショー・ボート』や『オクラホマ！』『ウエストサイド物語』という、古くからの演目は次第にクラシックとなり、ブロードウェイ・ミュージカルは、まるで「アメリカの歌舞伎」みたいな、古典的芸術のような存在になりつつある。

せっかくロンドンまで来ているのに「アメリカ劇」を観るなんてもったいない、といった気持ちで、イギリス産のドラマやコメディを中心として観劇しているのだが、その頃リバイバルで好評を博していた『ショー・ボート』と『オクラホマ!』だけは無視できなかった。もし、将来、ブロードウェイ・ミュージカルが実際に歌舞伎のような古典的芸術として定着していくとすれば、それは主にこの2作品のお陰だと考えてよいだろう。

「ブロードウェイ・ミュージカル」という形式が生まれたのは、アメリカの国民にとって精神的にも文化的にも、特別な意味を持つ1927年のことである。この年は、ベーブ・ルースが60本のホームランを打ち、世界初のトーキー映画、アル・ジョルソンの『ジャズ・シンガー』が公開され、リンドバーグが大西洋横断飛行に成功した。そして、作曲家ジェローム・カーンの傑作『ショー・ボート』の公開によって、今日(こんにち)のブロードウェイ・ミュージカルが誕生したのである。

『ショー・ボート』は、従来のヨーロッパ風オペレッタとアメリカの黒人音楽を初めて融合させた作品である。音楽的には意外な組み合わせではあるが、これによってブロードウェイの舞台はやっと旧世界へのこだわりから解放され、初めてアメリカ独特の劇となったのだ。つまり、白人に隷属させられていた黒人が今や、ジャズのリズム感で、動きと考えの硬い白人に柔軟性を与えることとなったわけであ

る（現在、日本で『ショー・ボート』を観ようと思えば、1951年のリメイク映画のビデオしかない。この映画は、きわめてハリウッド化されたもので、日本語字幕も不正確でつまらないが、そうした点にはとりあえず目をつぶって、ジェローム・カーンとオスカー・ハマースタイン２世の優れた歌を聴きながら、舞台を想像するのは十二分に楽しい）。多くの曲の中で、どれがオペレッタ風、どれが黒人風かは、いずれも最初の数秒ではっきりわかる。メロディの美しいラブ・デュエット *"Make Believe"* は、純然たるオペレッタ風で、次の *"Can't Help Lovin' Dat Man"* は、完璧なブルースである。

　ミュージカルの歴史を読むと『ショー・ボート』のことは、よく「永遠の『ショー・ボート』」と述べられているが、この「永遠」は "eternal" の和訳ではない。「永遠の処女、原節子」は、英語で "the *eternal* virgin" というが、「永遠の『ショー・ボート』」は、"the *immortal* Show Boat" という。つまり、"immortal" という場合、「『ショー・ボート』は、いつまでも『ショー・ボート』だ」という意味ではなく、「『ショー・ボート』は死なない」、つまり「不朽」であるといっているのである。こんなに極端な表現をされるのは、単に「いつまでも多くの人々に愛される」点だけではなく、ミュージカルの歴史的発展における大切さをもいっているからなのだ。たとえば、*"Can't Help Lovin' Dat Man"* にしても、この一曲がブ

ロードウェイの観客に新しい感覚を教えたのであるし、黒人霊歌のルーツを持つ *"Ol' Man River"* にしても、フォスターの名曲という認識を超えて、もうすでにクラシック・アメリカーナとして定着している。

　音楽以外にも、人種差別を社会問題として真剣に取り上げ、奥行きのあるストーリーを目指した台本は、これ以降のミュージカルの重要な土台となった。"immortal" という表現は、『ショー・ボート』なくして現在のブロードウェイ・ミュージカルは考えられないといっている部分が大きいのである。

『ショー・ボート』の16年後、これを引き継いでミュージカルを次の段階まで発展させたのが『オクラホマ！』である。作詞は同じオスカー・ハマースタイン２世であり、音楽は天才作曲家リチャード・ロジャーズ。『オクラホマ！』は歌とダンスとコメディに、シリアスなバレエとシリアスなドラマを加えて成功した。前例のない、まさに舞台芸術すべてを調和させて活用した作品である（1955年の映画化も見事な出来栄えで、そのビデオも薦めたい）。

『ショー・ボート』のヨーロッパ風オペレッタと黒人音楽との混交に対して、『オクラホマ！』の音楽は、純然たるロジャーズ風アメリカン・オペレッタである。『オクラホマ！』の「混交」は、歌詞の方にある。半分くらいはブロードウェイ調で、あとの半分はカウボーイ調（西部の方言）に作られているのである。たとえば、まるで九州男児にも

似た性格の主人公、カーリーの歌 *"The Surrey with the Fringe on Top"*（ふさ飾りの付いた四輪馬車）には、

"You kin keep yer rig if yer thinkin' 'at I'd keer tuh swap......"（お前と馬車を交換してやると思ったら、そいつは大間違いだぜ：標準英語では、You can keep your carriage, if you're thinking that I'd care to trade......）

などのようなカウボーイ調の歌詞もあれば、ラブ・デュエットの *"People Will Say We're in Love"*（恋仲と人は言う）には、

"your hand feels so grand in mine"（あなたの手を取って、なんて素敵な気持ち）

などの、本物のカウボーイなら絶対に言えない、気高いブロードウェイ調の歌詞もある。だが、『オクラホマ！』の歌はすべて、メロディが非常にきれいで、歌詞も洒落ており、特に rhyming（押韻）はそれまでのブロードウェイの長い歴史の中でも最高に洗練されたものなので、観客は、その巧みさに圧倒される。だから、歌の調子が変わっても、気にならないのだ。『オクラホマ！』の歌を聴けば観客はすぐ夢中になってしまって、カーリーがフランス語訛りで歌ったとしても、気にもとめないだろう。

　ちなみに、カウボーイ調が入ると、rhyming に、より一層趣が加わることもある。次の、夜明けをうたった魅力的な詩が、その好例だろう。

The sun is swimmin' on the rim of a hill,
the moon is takin' a header,
and just when yer thinkin' all the world is still,
a lark'll wake up in the meader.
山のきわに太陽がただよい、
月は真っ逆様に沈もうとする、
世界中が静まりかえっていると思うその時、
草原でひばりが眼を覚ます。

　ここでは"hill"と"still"、"header"と"meader"が韻を踏んでいるわけだが、"meader"が本来の"meadow"であったなら、このチャーミングな押韻は実現しなかった。

　『オクラホマ!』がニューヨークで初演されてから半世紀以上になるが、ミュージカルでは非常に珍しいことに、その音楽と歌詞には、未だに古臭さがない。「永遠の『オクラホマ!』」という決まり文句はなぜか聞かないが、本当は『ショー・ボート』より永遠に愛されてしかるべき作品だろう。

　1980年代に入ると、ミュージカルの歴史の流れに変化が生まれ、これが話題となった。イギリス人は『オペラ座の怪人』を作り、フランス人は『レ・ミゼラブル』を作った。いずれもすべての台詞を歌う、表面的にはヨーロッパ風オペレッタに感じられる。一方、それと同時に『エイント・ミスビヘイヴン』や『ブルース・イン・ザ・ナイト』『ブ

ラック・アンド・ブルー』などの優れた黒人ミュージカルも目立ってきた。これでは、せっかく『ショー・ボート』でひとつになったものが、また分かれてしまったと思うかも知れないが、音楽的には、『オペラ座の怪人』も『レ・ミゼラブル』も、黒人の影響を大きく受けている。逆に、黒人のミュージカルの方には、白人のブロードウェイ・スタイルが強く感じられる。やはり、『ショー・ボート』は永遠だった。

上質な「皮肉」の妙味

英語圏での April Fool's Day（4月1日）は、子供だけではなく、大人も楽しむものである。子供のレベルでは、たとえば、学校から帰ってきた小学生が母親になにげなく「校長先生が秘書と駆け落ちしちゃったみたい」と言ったとして、母親が「ええっ!?　本当!?　いつ!?」などの反応を示せば、子供は "Ha, ha, ha! April Fool!" と叫び、大いに喜ぶ、といった程度のやり取りが多い（また、ひっかからなくても、騙されたふりをするのが、やさしい母親である）。

大人のレベルでは、たとえば、社長室からの通知状そっくりの書類が社内で配布されたりする。こんな場合、たとえば、

"Regrettably, it has come to my attention that too many employees are suddenly taking days off for illness.

This has a serious impact on the effective planning of our daily work activities. As a result, it is henceforth requested that all employees submit a 〈Request for Sick Leave Form〉 to their supervisor at least one week in advance of any anticipated illness."

「遺憾なことに、最近、社員が急に病気で欠勤することがあまりにも目立つように見受けられる。これは日々の業務にたいへん大きな支障をきたすことになる。

　以後、全社員、予期しうる病気の遅くとも一週間前までに、所属の長に"病気休暇願"を届け出るように」
といった仰仰しい文体にするのがポイントとなる。

また、新聞や雑誌、インターネットなどには、嘘のニュース記事も必ず掲載される。たとえば、Clinton Deploys Vowels to Bosnia（クリントン、ボスニアへ母音を送る）という見出しの下に、クリントンが、Ygrjvslhv や Tzlynhr、Glrm などの、母音不足でとても発音しにくい地名が多くて苦労しているボスニアの市民へ、母音（A, E, I, O, U）を7万5千個以上空輸する予定であると発表した、などといったブラックユーモア的な記事も少なくない。

また、大規模でおもしろい April Fool's Day joke もある。今でも忘れられないのは、1999年、ニューヨークで、ヴァージンアトランティック航空の創立者リチャード・ブランソンがアメリカの出版社と組んで、かの分厚い『ニューヨーク・タイムズ』紙の本格的なパロディ版をなんと10万部も作り、ヴァージンアトランティックの乗客とニューヨーク中のキオスクに配布したことであろう。この「新聞」のコラムや記事の内容は、たとえば「イギリスの

Royal Family（王室）を株式会社にして、その株をニューヨーク証券取引所に上場する」などといった馬鹿げた話ばかりだったのだが、文体の真似方が完璧だったために、騙された人もいたようである。

　英語圏のマスコミでは、April Fool's Day でなくても、日常のエンタテインメントとしてのパロディや風刺の存在がきわめて大きい。日常生活の中でのアイロニーの存在そのものが大きいのである。そうした環境に生まれ育った私は、来日以降、日本語と日本文化になれていないため、大きな勘違いをしたことが何回もある。

　NHKの「政見放送」を初めて見たときもそうだった。たまたまチャンネルをまわしていたところ、突然、一風変わった中年の男が、テレビでは見たことのないほどぎこちない喋り方で愚痴ばかりこぼしているので、てっきり、何かのパロディだと受けとめてしまったのである（日本在住期間が長くなるにつれて、次第に日本的民主主義になれてきてしまい、今や「政見放送」が流れていると、「のど自慢」や、「NHK俳壇」「テレビ体操」などと同様、格別気にもとめず、何となく落ち着けるような境地になってきた）。

　東京都知事選挙の時の「政見放送」にもおもしろいのがあった。近所の「候補者ポスター掲示板」で見た、「一風変わった」どころか一・五風変わった一枚のポスターが気になり、いったいどんな人がそれを作ったのだろうと、「政見放送」で彼を探してみたのである。

ポスター自体は、本人の言葉を借りて言えば「非常にレトロチックに、昭和30年代を思わせるような、そういう写真で作っている」ものだが、私にはむしろ文化大革命あたりの中華人民共和国風に見えた。いずれにしても、かなり若く見えるこの候補者が具体的にどういったアイロニーを込め、変わったポスターを作ったのかが、興味深かった。もしかすると、何らかのパフォーマンス・アーティストかもしれない、とまで考えて、「政見放送」を待っていたのである。

　ところが、実際そこでわかったのは「別におちゃらけた気持ちとか、目立とうという気持ちで作ったのではありません。これにはメッセージがあります。私も実際経験はしてないんですけども、昔、戦争に負けた時、何もないけども、未来のために頑張ろう、一丸になって頑張ろうと、そうやって汗を流した時代がこの東京都にもあると、そうやって昔から聞かされてきました。そういう高度成長期に差し掛かる前の、その日本人にですね、もういっぺんその原点に帰ろうよ、そういうメッセージがあります」ということで、アイロニーなど全くなかった。また私の勘違いだったのだ。

　アメリカの大学院での勉強では、アメリカ人の教授が日本の「純文学」と位置付けた作品ばかり読んでいて、パロディ小説や風刺小説に出会うことはなかったのだが、日本に来て初めて幅広く読んでみると、それが一面にすぎない

ことに気付いた。たとえば筒井康隆の『文学部唯野教授』などのような傑作風刺小説を「発見」して嬉しく思った。なにより楽しく刺激的だったのは、パロディと風刺の天才作家、清水義範の『永遠のジャック＆ベティ』や、『蕎麦ときしめん』『国語入試問題必勝法』などの小説である。

　日本の教育制度を本格的に風刺した清水義範の『虚構市立不条理中学校』もすごい作品である。この小説は日常生活とはかけ離れたファンタジーの世界の中での物語ではあるが、たとえるならば、英語圏でもっとも偉大な風刺小説の主人公ガリヴァーが不思議な国へ上陸し、巨人に捕らわれるような物語世界である。つまり、現実にある物事の特徴が極端に描き出されているのである。『ガリヴァー旅行記』には、巨人の乳母が赤ん坊に、高さ２メートルほどもある乳房をふくませるという有名な場面がある。ガリヴァーがその「光景」を観察して、こう語る。
「乳首と乳頭部の色合いは、斑点やらにきびやらそばかすやらでその複雑怪奇なことは驚くばかりで、まさに吐気を催すものであった。……私はふとわがイギリスの女性たちの白い肌のことを考えた。つまり、彼女たちがわれわれにひどく美しく見えるのは、要するにわれわれと体の大きさが同じであるからにすぎず、拡大鏡を通してでなければ、その欠点は見られない、ということなのだ。拡大鏡を用いて実験すれば分ることだが、彼女たちのどんなにすべすべした白い肌でも実はでこぼこで粗く、不気味な色をしてい

るのである」(岩波文庫、平井正穂訳より)

　時々、狂っているとしか思えない管理教育を正当化する学校側の主張を聞いて、何かが違うと思っても、即座にはなかなか論駁できない、といった場面が現実にもあると思う。『虚構市立不条理中学校』は、そうした正当化に潜んでいる「でこぼこで粗く、不気味な色をしている」部分を、拡大鏡のごとくはっきりと見せてくれる。これはレベルの高いパロディや風刺のいちばん重要な役割ではないだろうか。

　会話のレベルでは、確かに日本語と英語では、アイロニーの使い方のスタイルがだいぶ違うようである。多くの場合、あっさりした嫌味のないアイロニーを込めた英語表現が日本語に訳されると、皮肉っぽくてきつい感じになる。逆に、アイロニーを込めて使った日本語が英訳されると、ストレートな表現としか聞こえない場合がままある。が、言葉自体の壁をこえる「皮肉な立場」などの「状況」を含む小説や映画のレベルでは、そうした問題はさほど大きくなさそうだ。

　今日のアメリカにおけるもっとも偉大な風刺家は、映画監督・脚本家のロバート・アルトマンであろう。ハリウッドを風刺した、彼の『ザ・プレイヤー』('92年)の冒頭では、名監督のマーチン・スコセッシ本人が自分自身を演じて、プロデューサー(ティム・ロビンス)に作りたい映画を説明する場面で、こんな会話がある。

スコセッシ：This is the best. Well, does "political" scare you?（これがいい。でも、「政治的」なものは扱いにくいかな）／プロデューサー："Political" doesn't scare me. "Radical political" scares me. "Political political" scares me.（「政治的」なものはそうでもないが、「急進的に政治的」なものは避けたい。「本格的に政治的」もだ）／ス：It's "politely politically radical."（ま、「行儀よく政治的に急進的」だな）／プ：Is it funny?（ユーモアは、ある？）／ス：It's funny. It's funny.（ユーモアはある。あるとも）／プ：It's a funny political thing.（ユーモアのある政治的なものか）／ス：It's a funny……It's a thriller, too.（ユーモアのある……スリラーでもある）／プ：It's a thriller.（スリラーでもか）／ス：All at once.（同時にね）／プ：So, uh, what's the story?（じゃ、物語は？）／ス：Well, I want Bruce Willis. I think I can talk to him. Um, it's a story about a Senator, a bad guy Senator at first……but it's got a heart, uh, in the right spot. And anyway, he has an accident……and he becomes clairvoyant, like a psychic.（じゃ、まずブルース・ウィリスを使いたいんだ。説得できると思う。で、上院議員の話でね、最初は悪いやつなんだけど、でも映画にはハートがあってさ。とにかく、彼は事故にあって千里眼になるんだ——超能

力者みたいに)／プ：So, it's kind of a psychic political thriller comedy......with a heart. (つまり、超能力物の、政治的スリラー・コメディで……ハートもあるって感じだな)／ス：With a heart. And, uh, not unlike *Ghost* meets *Manchurian Candidate*. (そう、ハートもあって。いわば、『影なき狙撃者』に『ゴースト』を合わせたって感じだな)

短い会話だが、ハリウッドの「考え方」を端的に描き出した表現として、これ以上のものはないだろう。

名台詞を味わう

　映画『カサブランカ』は舞台作品が原作であり、そのまま使われている台詞が実に多い。メロドラマでありながら、会話劇としても楽しめるこの作品は、きわめてマイナーな場面にもドラマ性の高い、英語の可能性を教えてくれるやり取りがある。たとえば、キャバレーで若いブルガリア人の新妻アニーナ（ジョイ・ページ）がリック（ハンフリー・ボガート）に真剣にアドバイスを求める場面もその一例である。場面そのものが短く、しかも日本語字幕では訳されていない部分が多くて印象に残りにくいようだが、これこそ優れたミニドラマになっている場面である。

　どうしてもアメリカに亡命したいアニーナだが、出国ビザがない。賄賂を贈る金もない。そこへルノー警察署長が、俺と一緒に一晩過ごせば出国ビザをやるよ、と持ちかけてくるのだが、そんなことをしたとしても、本当にビザをくれるだろうかと不安に思う。信用できるリックに、「ほんのちょっとだけお話ししてもよろしいでしょうか」と懇願するようなイントネーションで相談を持ちかけるところからこの場面は始まる。

　リックは、そんなアニーナを、

How'd you get in here?　You're under age.（どうや

って入れてもらったんだ。おまえは未成年じゃないか)と責める。この短いセリフだけで彼の性格の特徴が二つほど表わされている。"How'd you get in here?" は、「いくら甘えたって、そんなのは俺に通じないぞ」という、構えた冷たい言い方である。しかし、もし本当にハードなだけの人間なら、"You're under age." と、彼女の若さなど気にかけるはずがない。つまり、リックはとりあえず表面上は随分ハードな態度をとるが、心の中では、見ず知らずの他人に対しても、意外に人情のあつい人物であることがわかる。

アニーナがそこで、

I came with Captain Renault.(ルノー署長と一緒に)
と説明すると、リックは、

I should have known.(だろうな)
と、皮肉を言う。このセリフは、字幕では「驚きだ」となっているのだが、本当は「まぁ、考えてみれば、訊く必要はなかった。あんたのような若い娘をこんなところに連れてくる奴は、あいつくらいしかいないだろう」と、ほぼ逆の意味をもつ。このひとことは、ルノー署長の性格を暗に描写しながら、リックの道徳観をも表わしているのである。

アニーナはこれに対して、

My husband is with me, too.(主人も一緒ですよ)
と答え、リックの皮肉たっぷりの "I should have known." の「性的含意」を否定するのだが、リックは、

今度は意地悪くわざとそれを別の意味で受け取ったふりをして、

> He is! Well, Captain Renault's getting broad-minded.（それは驚いた。ルノー署長は結構リベラルになってきたんだな）

と、一層の皮肉をこめ、性的な意味をさらに含んだ台詞をもらす（当時のハリウッド映画では、同性愛行為に関する直接表現は一切禁じられていたが、この表現のように、極めて間接的であれば、何とか検閲を生きのびることも多かった）。

そこでアニーナが、

> M'sieur Rick, what kind of man is Captain Renault?
> （ルノー署長はどんなお方でしょうか）

と訊くのだが、これに対するリックの次の皮肉は、一段とウイッティになる。

> Oh, he's just like any other man, *only more so*.

率直な表現に言い換えれば、「男というものは、大体誰だって若い女とのセックスを好むのだろうが、ただ、彼にはその気持ちがちょっと普通以上にある」という意味になる。アニーナは重ねて、「いえ、そういう意味じゃなくて、私が訊きたいのは、彼を信用していいのかどうかです。彼は、約束をちゃんと……」と訊く。英語を第二言語とする18歳のブルガリア人にしては、リックの *"only more so"* のニュアンスに結構敏感である。

それにしても、実は案外責任感の強いリックは、いきな

りそうした相談をされても困るのである。ルノーの企みに巻き込まれたくない気持ちもあって、

　Oh, just a minute! Who told you to ask me that?（おーいおい。誰がそんなことを俺に訊けと言ったんだ）

と彼は怒る。アニーナが正直に「署長さんが自分で……」と答えるのに対して、リックは "I thought so."（やはりそうか）と言い、そして、"Where's your husband now?" と訊く。アニーナは、こう答える。

　At the roulette table, trying to win enough for our exit visas. Oh, of course he's losing.

　この台詞は、字幕では「出国ビザを買うお金をルーレットで……でも、負けてます」と訳されているのだが、ここでアニーナの性格描写として大切なのは、溜息まじりの "Oh, of course he's losing." の "Oh, of course" である。つまり、アニーナの本音は「でも、負けてます」という、あっさりしたものではなく、彼女は、夫と違って、こんなところでギャンブルして金儲けできるわけがない、とわかっていながらも、ギャンブルが最後のチャンスだと思いこんでいる夫をどうすることもできないことを嘆いている。"Oh, of course he's losing." は、諦めの心境だけではなく、彼女が若さに似ず賢明であることも表わしているのだ。

　リックがこれで少しだけ彼女に興味をもち、

　How long have you been married?（結婚してどれ位？）

と訊くと、アニーナは、

> Eight weeks. We come from Bulgaria. Oh, things are very bad there, M'sieur. *The devil has the people by the throat.* So, Jan and I, we......we do not want our children to grow up in such a country.
> （8週間です。ブルガリアから来たんですけど、ひどい状態で……魔王が民の咽を締め付けています。あんな国では、とても子供を育てたくないと思ったんです）

と、ナチ・ドイツ軍に占領され、ドイツ支持の政府の下に暮らす悲惨な状態を説明する。この *"The devil has the people by the throat."* はヴィヴィッドで強烈な表現なのだが、こうした慣用表現は英語にはない（いかにも東欧ふうな印象を与える言い方ではあるが）。もし自然なイディオムで言うなら、たとえば "the situation there is horrible" とか "it's simply unbearable" など、英語の慣用表現は幾らでもあるが、そういった表現では「外国人」の雰囲気が出ないのである。

続いて、彼女が「署長は親切に、手伝ってあげてもいいよ、と言ってくださいますけど」と説明すると、女好きの署長が親切にふるまう本当の「狙い」をよく知っているリックは、"Yes, I'll bet."（そりゃそうだろう）と、きつい皮肉を込めて言う。"bet"（賭ける）という動詞は、確信の度合いを強調するためにしばしば比喩的に使われる。「お金などを賭けてもよいほどの強い確信」という単純な

理屈で、たとえば、"I'll bet she's angry."（彼女はきっと怒っているだろう）という軽い程度から、"You (can) bet your life I'm going!"（俺は絶対に行くんだよ！）という「絶対的」な確信まで、実に頻繁に使われる言葉である。リックの "Yes, I'll bet." の「確信度」は、日本語の「ほぼ間違いないだろう」という程度で、「そりゃ、あいつは間違いなく君みたいな若い美人には親切だろう」という皮肉を含む言い方なのである。

　ここでアニーナはようやく「出国ビザをくださるそうです。お金はないんですけど……約束を守ってくださるかしら」といちばん訊きたいことを訊く。この切実な質問に、リックは "Yes, he will." か "No, he won't." の「単純未来形」で答えてもよかったのだが、実際の台詞は "He always has." である。この現在完了形こそが、アニーナにショックを与えることになる。つまり、彼女の知りたいのは、もし自分の身を彼に任せたとしたら、「約束通り」その後でちゃんとビザをくれるのだろうかということなのだが、それに対するリックの "He always has." は、「署長は今まで、いろんな女性と同じ〝取り引き〟をやってきているが、約束は毎回ずっと守っているよ」というものなのだ。

　それを聞いてアニーナは、"O-o-hh" と太い溜息をつく。まだ幾分か少女の心をもつ彼女には、自分がただの「モノ」のように利用されているのではなく、女性として、ま

た人間として、いくらか特別な魅力があって署長の目を引いたのでは、と思いたい気持ちも多少あっただろう。なのに、リックの現在完了形の台詞によって、自分は何人目、何十人目かの、とにかく何も特別なわけではない、ただの欲望の対象にすぎないと思い知らされるのである。

　リックには、本気で好きだった女性に裏切られたという思いこみによる強いひがみがあるため、アニーナのように純愛を信じる相手と話し続けるのがつらくなり、一段と冷たい調子で、

　You want my advice?...... Go back to Bulgaria.（アドバイスしてあげようか。ブルガリアに帰りなさい）
　......Everybody in Casablanca has problems. Yours may work out. You'll excuse me.（カサブランカじゃ誰にだって悩みくらいはある。あんたのも、何とかなるかもしれない。それじゃ、失礼）

と会話を終わらせてしまう。無論、ここまで彼が言葉で示した冷たさは、実は表面的なものであって、その後、すぐにルーレット台に行き、アニーナの夫が勝つようにクルピエにいかさまを指示する。しかし、最後まで彼の物言いはそのやさしさをうまく隠しているのである。

　舞台を原作とする映画は、登場人物があまりにも達弁で、"It feels too stagy."（あまりにも芝居がかっている）と批判されることがよくあるが、『カサブランカ』の場合、説得力の十二分にある俳優たちの演技に魅了されて、そん

な細かいことは気にならない。次々と繰り出される優れた台詞をひたすらに「楽しい」と思うだけである。

英語と日本語のあいだに

「俳句的感性」

　"Haiku in English"という興味深い現象がある。日本の俳句とは性質がだいぶ違うこの"Haiku in English"は、どういうわけか、世界的にも人気がある。インターネットで"haiku"という一語で検索してみると、アメリカのサーチエンジン *Infoseek* では、結果がなんと12万711件も出てくる。そのなかでも、"Children's Haiku Garden"や、"Shiki（子規）Internet Haiku Salon"、"Haiku Habit（haiku 習慣）"など、「haikuとは何か」という紹介と、「haikuは、すばらしいものだから皆で作ろうよ」といった感じの「振興活動」を合わせたサイトが圧倒的に多い。"Haikuコンテスト"も驚くほど多い。そして、たとえば、"Christopher's Haiku Page"などのように、自分の作った"Haiku in English"を人に見てもらうためにわざわざ個人のホームページを開設したケースも多い。

　英語圏における俳句の姿は、大ざっぱに言って三つに分けられる。一つは、学校などで「世界で最も短い詩型」として紹介される日本の俳句とその名句の英訳である。もう一つは、五・七・五の定型を意識しながら、どうにかして英語でも「俳句らしきもの」を作ろうとする"Haiku in English"である（先のインターネット・サイトのほとんど

がこのタイプだ)。そして三つ目は、英語圏の詩人が純粋に名句あるいはその英訳に何らかの感動を覚え、定型などにこだわることなく「感覚的に俳句」と感じられる英詩を作ろうとする現象である。前の二つは、俳句が本来もつ感性の単純化や矮小化に終わることが多いのだが、幸いなことに最後の一つ、俳句の影響や「俳句的感覚」などを感じさせる純然たる英詩の方は、その絶対数はわずかでありながら、俳句の繊細さを十分に表している。

日本の俳句が紹介されるパターンとして、まずは *The Four Great Masters* と呼ばれる芭蕉、蕪村、一茶、子規が取り上げられる。英語圏では、俳句といえば「神秘的東洋」や禅などを連想する人も少なくないようだが、それとは対照的に、*haiku* は誰にでも作れるものとして、最も大衆的な詩型と見なす人も多いようである。いずれの見方も *haiku* の人気を支えているのだ。

この大衆的な要素はかなり大きく、*"Children's Haiku"*（Candy Hall社）という本がこの立場に立つ典型的な例である。「他の詩」と違って、*haiku* を作るには特別な技術など必要なく、自分が思ったまま書けばよいのだから、どんな子どもでも作れる、という立場である。たとえば、

Listen to the birds as they sing in harmony.
oh, what a fine tune!

（鳥たちが声を合わせて鳴いているのを聴いてごらん。

ああ、なんとすばらしい調べだ！）

などのように、言葉自体も散文にすぎないし、鳥たちは調和して鳴くのか、など内容的にも疑わしい「作品」が子どもの「魅力的」な *haiku* として紹介されていたりする。

あるいは、

　　The ocean whispers（海はささやく）
　　secrets of the seas are told（海たちの秘密を）
　　shells will hear and speak（貝殻は聞き、話す）

というように本来の俳句の形式では見かけない未来形にもなったりするが、一応英語の音節数では、どれも五・七・五となっており、それだけで *haiku* になるわけである。また、形式さえ守れば俳句だ、という印象を与える点では同じような例であるが、こんな中国語の *haiku* も紹介されている。

　　大魚吃小魚／小魚又去吃蝦米／蝦只能吃泥

haiku すなわち大衆詩という見方は、基本的に楽しければよいという立場とも言える。

その一方で、学問レベルでの紹介も無論あって、なかでも R. H. Blyth の "*Haiku*" という４巻本が最も立派である。彼は俳句の「働き」を少しでも理解しやすくするために、「俳句と三種類のハーモニー」を次の三句で示そうとしている。

　〈イ〉　子規　……雲の峰白帆南にむらがれり
　〈ロ〉　子規　……雲の峰硯に蟻の上りけり

〈ハ〉 蕪村　……菜の花や鯨もよらず海暮れぬ

　彼の説では、〈イ〉はconcord（一致）で、〈ロ〉はcontrast（対比）、そして〈ハ〉は説明のつかない、内面的な、神秘的なハーモニーだという。私は〈イ〉と〈ロ〉の説は納得がいくが、〈ハ〉となると、外国人の学者のしがちな「過剰解釈」に思える。つまり、「菜の花や鯨もよらず海暮れぬ」を日本の地方によっては毎春、現実に見られる光景かもしれないとは受け止めず、むしろ「とても不思議なイメージの組み合わせ」と思って、「説明のつかない、内面的な、神秘的なハーモニー」としたのだろうと思う。

　ところで、ドナルド・キーンも"*Japanese Haiku*"の紹介者として大きな存在で、常に「俳句的感性」の普遍性を主張している。たとえば、漱石の、

　　霧黄なる市(まち)に動くや影法師
　　　（倫敦(ロンドン)にて子規の訃を聞きて）

は、英訳されてもいかに力があるかを指摘する。その英訳、

　　See how it hovers/In these streets of yellow fog,
　　A human shadow.

は、たしかにキーン自身による優れた作品である。

　また、英語圏では、*haiku*を主に「禅的」現象として見る人も少なくない。そうした見方をする人たちは、とかく次のような芭蕉の句を好みがちである。

　　閑かさや岩にしみ入る蟬の声

つまり、禅を意識する「*haiku*愛好家」は、傾向としてできるだけ「神秘的なもの」を好むのだ。その意味で、芭蕉の、

　　蛸壺やはかなき夢を夏の月

などは、さまざまな解釈を許し、理想的なもののようである。この句の英訳は、Blythによる、

　　The octopuses in the jars:/Transient dreams
　　Under the summer moon.

が代表的と言えるだろう。ここではまず数の問題がおもしろい。英訳する場合、どの名詞に対しても、単数にするか複数にするか、を決めなければならない。Blythの場合、蛸も壺も、さらに夢も、すべて複数になっているのだが、はたして日本人はそう読むのだろうか。「数意識」だけをとってみても、英語になった*haiku*は必然的に元の日本語よりも具体性が強くなっているのである。

　一般的には、俳句を英訳したものよりも「俳句的感性」を表現した英詩の方が、英語として、よほど魅力的である。たとえば、英詩史上初めて日本語の俳句を意識して書かれたと思われるEzra Poundの1924年作品 *"In a Station of the Metro"*（パリの地下鉄のある駅にて）という詩は、かなり優れたものである。

　　The apparition of these faces in the crowd.
　　Petals on a wet, black bough.
　　（人ごみの中、突然浮かび上がる顔／黒々と濡れた枝

に花びら)

また、この現象は純然たる英詩にばかりではなく、優れた歌詞にも見られる。たとえば、Hank Williamsの1948年作品 *"I'm So Lonesome I Could Cry"*（淋しくて泣きたいくらい）が好例である。この歌詞には、次のようなイメージが並んでいる。まず、

whippoorwill/the midnight train is whining low
　　（「ヨタカ〔の鳴き声〕」と「低くむせび泣く夜汽車」）

アメリカの自然環境になじみのない日本人にとっては、ヨタカと訳されるwhippoorwillのことは特にピンとこないかもしれないが、日が暮れてから淋しげに鳴くこの鳥は、アメリカ人にとってはとても身近で、その存在は日本人にとってのホトトギスのようなものである。遠くから「低くむせび泣く夜汽車」がこの鳥の鳴き声と組み合わせられると、淋しさそのものを感じさせるのである。

さらに、

leaves begin to die/a robin weeps
　　（「枯れはじめた葉」と「啜り泣くコマドリ」）

というのもある。whippoorwillと同じように、コマドリと訳されるrobinに対して、日本人は特に何の感情も抱かないだろうが、アメリカ人にとってrobinは、毎年、春が来たとまっさきに知らせてくれる存在なのである。そして、雄の胸の赤色は尉鶲(じょうびたき)の胸色に似てとてもきれいだ。鳴き声は晴れやかで美しい。また、この鳥の卵の色は、か

すかに緑がかった微妙な青色なのだが、色調がデリケートすぎて既存の言葉ではなかなか形容できず、*robin's - egg blue* という色彩用語が特別にある。秋になると姿を消すこの *robin* は、春から夏を象徴する鳥として格別に愛されている。また、a robin *weeps* の weep という動詞にもインパクトがある。日本語にはちょうど当てはまる言葉はないが、ただの cry（泣く）と比べて、weep は、具体的な泣き声は出ないかもしれないが涙は出る、そして、それだけに切ない、といったニュアンスが強い。robin と weep との組み合わせを耳にするだけで、ドキッとするのである。

　こうした歌詞は、日本語に訳されてしまうと、さほど俳句的には見えないだろうし、詠む姿勢や詩そのものの形態も俳句とは違うかもしれないが、その英語のイメージの組み合わせには、確かに「俳句的感性」が感じられる。つまり、「霧黄なる市に動くや影法師」や、「閑かさや岩にしみ入る蟬の声」のように、非常に簡潔な表現で一つの「場面」がありありと描き出され、そして、そのイメージの並び方や、言葉のリズムとその音の魅力などによって、人の心を微妙に動かす詩になっているのである。貧しい家庭に生まれ育ち、29歳で夭折した天才作詞家ウィリアムズは、おそらく、一度も日本の俳句を意識したことはなかっただろうが、俳人の感性だけはもっていたと思う。

何事も「関心」から

　27歳で日本語を勉強し始めるまでは、私はある意味で典型的なアメリカ人であった。高校でラテン語の授業に2年間、大学でフランス語の授業に1年間適当に出て、それで私の第一次外国語教育は何とか無事に終わった。外国語とはいっても、死語であるラテン語が進学コースの授業に入っていたのは、それを習得して具体的に使うためではなく、「英語のためになるから」ということであった。英語にはラテン語系の単語が多いし、その文法も合理的でしっかりしているので、ラテン語を勉強すれば英語力もつくだろう、という考え方が当時の定説であった。私の高校では、大学に行く者には、ラテン語を「語彙が豊富になる、読書力も養われる」という理由で薦めていた。いわば、日本人の漢文のようなものであった。

　大学1年生のとき、外国語必修課目として、"*1st Year French*" の講義を受けた。前期の先生は、お人好しのアメリカ人で、フランス語の発音がめちゃくちゃ酷かった。いかにもアメリカ人という感じであった。その先生は、全く英語と変わらずにフランス語を発音するから、フランス人には通じないかもしれないが、私たち1年生にとっては、とても分かりやすく、助かった。皆、その先生の授業に当

たってよかったと思っていたのである。後期の先生はスイス人であった。発音は言うまでもなく本物で、早口で何を言っているかはさっぱり分からなかったが、皆、カッコイイと感じていた。

　私の場合、高校のラテン語と大学のフランス語には、死語と生きた言葉との違いはあったが、大きな共通点もあった。それは、期末試験に合格しさえすれば、割合すぐに頭が空っぽに戻ったということである。一度気が緩んだら、もう覚えていなくてもいいのだと思ったら、試験のために覚えた〝知識〟は頭から消えてしまうのである。それはそれで、決して悪い気持ちではなかった。私の語学経験は、アメリカの学生の典型的なパターンであろう。一般的に言えば、アメリカは外国語教育を重んじる国ではない。日本の文部科学省と同様に、アメリカ政府は毎年その「遺憾な実態」を詳述した白書を出しているが、一般のアメリカ人は、英語以外の言葉を覚える必要性を、現実には感じていないのである。

　考えてみれば、こうした外国語に対する態度は、アメリカ人が料理に対して示す態度と、妙に一致している。つまり、グルメや、ヌーベル・キュイジーヌの促進に努めるシェフが全くいないわけではないが、一般の人は、そんなのは自分とは何の関わりもないと思っているのだ。何しろ、ほとんどの人が漠然と、小さいときから食べてきたものがいちばんだ、と満足している。アメリカの食生活が「世界

一豊か」だと言われてそだってきた人たちは、慣れたもの以外の味を味わってみる必要性など感じないのである。

　実際、アメリカにも郷土料理はさまざまあり、美味しいものも決して少なくはないが、開拓者が厳しい大自然の急迫した状況に対処して考え出したものが多いためか、つくり方の「ざっくばらんさ」が国の歴史の浅さを感じさせる。私の故郷の自慢料理もまさにそんなタイプである。肉ではなく魚料理であることだけは、中西部にしては少し珍しいのであるが。

　子供の頃、群青色のミシガン湖畔に広がる真っ白な砂浜が夏の遊び場であった。泳ぎも釣りも、ミシガン湖で覚えた。子供の眼には無限に広がっているかに見えたこの湖には、現に潮流があり、嵐になれば4、5メートルの波も立つので、実際、湖というより海という方が近い。

　小さいとき、よく叔父と一緒に小型で美味しい魚レイクパーチ（スズキに似た淡水魚）の釣りをしたが、「ミシガン湖のフィッシングはこんなもんじゃなかったぞ」と毎回のように言われた。一昔前までは大型ホワイトフィッシュ（サケ目コクチマス科）や巨大なレイクトラウトがどんなに豊富だったかをくわしく聞かされた。叔父は元々ミシガン湖の漁師だったのである。

　だが水運のためにつくられた運河を通って *sea lamprey*（ヤツメウナギ科）が1930年代からミシガン湖までやってくるようになり、大型魚に致命的な被害を与えるよう

英語と日本語のあいだに

になった。その結果、数年のうちに叔父たちは失業してしまった。私自身、*sea lamprey* の吸盤の跡がついて衰弱したホワイトフィッシュを釣った覚えはあるが、そんな体験ももう1950年代では極めて稀だったのである。だが、幸いに州政府による約50年間の稚魚放流と *sea lamprey* 対策がなんとか効を奏して、最近では昔風の漁業と美味しい郷土料理が復活してきている。

　故郷の名物で一番の目玉商品になっているのは *fish boil* という料理である。この伝統料理を最初につくったのはスカンディナヴィア出身の樵夫たちであった。砂浜でおこした焚火の上に直径１メートル半ほどのでかい鉄鍋をのせ、そこに、玉ねぎにジャガイモ、そして一匹だけで４、５キロはあるホワイトフィッシュやレイクトラウト数匹分の分厚い切り身をどっさり入れて茹でる。こうすれば数十人の男達のご馳走がいっぺんに出来てしまう、という点が *fish boil* の最大の魅力だったそうである。現在では、地元の人々も観光客も、夏から秋にかけての、この野趣あふれる料理を大いに楽しみにしている。

　というのも、これが実に旨いのだ。食べるときは、上に熱い溶かしバターをかける。筒切りにされた魚一切れの直径は大体15センチで、厚さは４、５センチある。魚の肉自体は、しっかりしていて微妙な歯ごたえがありながらも、やわらかくて口の中でとろけるのだ。ジャガイモは「新ジャガ」が最適で、バターの塩分だけで十分に美味しく、わ

ざわざ塩をかける必要はない。玉ねぎは甘くて果物のような味である。昔のスカンディナヴィア系の樵夫と違って、現代のウィスコンシン人はコールスローを添えて食べることが多い。飲み物は地ビール。デザートはワイルドチェリーパイと濃いめのブラックコーヒーである。

　こんな食事に理想的な場所は、砂浜に面した庭の芝生である。食べながら、ときどきミシガン湖を眺め、風の香りも賞味する。無論、淡水だから、いくら海に見えても食欲を起こさせるような潮風などは吹かないが、北ウィスコンシンのミシガン湖にはかすかに海を思わせるような微妙な香りが確かにある。言葉では表現しにくいが、あえていえば、昆布ダシの香りに近いものである。

　要するに、こんな環境でそだった多くの人たちは、すべてに満足しているのだ。物質面だけではなく、精神的にも「自己充足の文化」の中に暮らしているつもりなので、「外」への関心など、さほど持たないのである。寿司やクスクス、エスカルゴなんて「変な物」を出されたら眉をひそめつつも一口食べてみるのがウィスコンシンのエチケットであり、学校で外国語の授業を受けるなんてことになったら単位だけ取れるよう頑張ってみること、それが地元の常識なのである。目新しい食べ物も外国語もいらない、と本当は思っているわけだ。

　実際問題、必要ないだろうとは思いながらも、帰省すると、その辺が毎回、なんとなく気になる。とある秋の早朝

のこと、霜煙の給餌箱をゆずり合ったりしている野鳥たちのすばやい動きを窓からちょくちょく覗きながら、コーヒーを飲み、本を読んでいた。日本からなんとなくもってきた、中勘助の『銀の匙』の文庫本だった。不思議にも、子供の目から見たその細かい描写が、アメリカの田舎の、その朝の光景と雰囲気とに合っていた。
「そのうちに普請がはじまった。材木をひいてきた馬や牛が垣根につながれてるのを伯母さんにおぶさってこわごわながら見にゆく。大きな鼻のあなから棒みたいな息をつきながら馬は杉の葉をひきむしってはくい、牛はげぶっとなにか吐きだしてはむにゃむにゃと嚙む。落ちつきのない長い顔の馬よりもおっとりして舌なめずりばかりする丸顔の牛のほうが好きであった」（岩波文庫より）
　こうした中勘助の文を読んで、なんだか嬉しくなった。それは文章が巧いからだけではなかった。実は、帰省の際にはいつものことなのだが、今回もいささか疎外感を味わっていた。もし、こののんびりした田舎暮らしに戻ったとしても、もはや自分らしい幸せな人生は送れないだろうと。そして、親戚の無関心——私の東京での生活に対する無関心、日本に対する無関心、地元のこと以外のすべてに対する無関心——が気になってピリピリしていたのだ。そうした心境で早起きして『銀の匙』を読み始めたのだが、すると、この田舎でそだった自分の子供の頃の心持ちなどを次第に思い出したりして、心がだいぶ和んできた。すべてが、

なんだか、調和しているような気持ちになったのだ。そこへ、伯母が双眼鏡をもって部屋に現れた。野鳥を観察するつもりらしい。彼女もなんだか、いつもより美しく見えた。
「あららら、はやいわね」
「いや、ちょっと、時差ぼけが……」
「あらまあ……」
といった程度の会話の後、私は思い切って、
「実はね、伯母さん。この本なんだけど、すごくいいんだ」
と文庫本を見せながら、一所懸命『銀の匙』の話をしはじめた。だが、伯母は話よりも私がそこに書いてある文字を本当に読めるのかどうかが気掛かりらしい。そこで私が先の引用文辺りのワン・センテンスほどを声を出して読み、その場面だけ自分なりに英訳してみると、
「分かる、分かる。牛が好きなのね。あたしもそう。可愛いのよ、牛って。そう言えば知ってる？　教会のスモルツさんのホルスタイン、今年の品評会でね、一年仔の一等賞！　じゃあ、美味しいパンケーキを作ってあげるからね。帰ってくるって聞いて、ジョンソンさんの自家製のメープル・シロップを少し分けてもらったの。ちょっと待っててね」
と、伯母はさっさと台所へ行き、私は『銀の匙』に戻った。

浮気性

　アメリカの大学院で日本文学を勉強していたとき、大正デモクラシーの風潮に興味を持ち、武者小路実篤の作品を学位論文のテーマにしようと考えたことがあったのだが、主任教授に相談したところ、「実篤ですか。勧めかねますねぇ」と言われた。「テーマを選ぶのは自由ですけど、実篤は感傷主義に過ぎないと思いますよ」と、教授はその理由を説明した。

　私はその当時、そういうものかと、教授の「実篤論」を素直に受けとめたのだが、大正時代の文壇に対する興味自体は失わず、来日して間もないころ、宮崎の山奥に実篤の建てた「新しき村」がまだあると聞いてすぐに訪れることにした。

　私の大学時代のアメリカでも、「新しき村」のような"理想主義的集団"のコミューンがずいぶん流行ってはいたが、2、3年でつぶれたものがほとんどで、東京の文化人が大正7年に「日向」という「国」で「調和的な共同体の理想実現のため」に創設したものが現在まで生き延びられたということ自体が興味深く、その特別な生命力は何だろうと好奇心を覚えて行ってみたのだ。

　そのころの「新しき村」には、実篤の先妻房子と、彼女

の老後の面倒を見ている「村内会員」の夫婦の、合わせて3人だけしかいなかったが、それは忘れがたい一日となった。

知り合いのアドバイス通り、お土産として「お肉」と「読み物」を持って行った。それが、かなり高齢の彼女がいちばん喜ぶ品だと聞いて少し意外に思ったのだが、本人に会って、わかったような気がした。

脚がもう不自由で、一日中座っているだけの彼女は、もともと小柄な方なのだろうが、年をとった体は際立って小さく、弱々しくみえた。が、眼はまったく違う。いささか気の強い若い娘の眼のように輝き、色気のあふれるようでもあった。その存在感は、たとえてみれば、晩年の杉村春子のようであり、心の中ではまだまだなまめかしい女のままでいるような印象の女性であった。不思議なことに、私より50以上も年上なのに、話しているうちに、彼女の女性としての魅力を感じ、若いときの小悪魔っぽい怖さまで想像できた。なるほどこれが村を支えた特別な生命力なのかと納得した。

後でその夫婦と3人で話しているうち、新しい日本語を一つ覚えた。話によると、房子は一昔前までは大変な「浮気性」だったという。しかも、それは実篤が村を創設後も、東京に帰ることがしばしばで不在がちだったため、というわけでもないらしい。お嬢様育ちで、20歳で結婚する前からそのような傾向があった彼女は、実篤と離婚した後も

1989年に97歳で死ぬまで「新しき村」で暮らしたわけだが、その間、村を訪れる文学青年たちを誘惑するのが習慣になっていたほどの、本物の浮気性だったというのだ。

「浮気」という日本語は知っていたが、「浮気性」は初耳で、ちょうど当てはまる英語がないからこそ面白く思い、よい言葉を一つ覚えたという気持ちでいささか嬉しくなった。

ところで、ちょうど当てはまる英語がなくても、最近、大学の授業によく使うアメリカ映画のセリフで、似たような表現に気づいてこのエピソードをあらためて思い出すことがあった。1988年の傑作コメディ"*Dirty Rotten Scoundrels*"（題名の意味は「最低な奴ら」、邦題はいかにも邦題らしく『ペテン師とサギ師——だまされてリビエラ』）という作品である。主人公のローレンスは裕福なご婦人専門の一流詐欺師だ。最初の場面で、彼のアシスタントとして１割の手数料を貰っている警察署長アンドレがカジノで目をつけた「理想的なカモ」をこう表現する。

アンドレ：She's the blonde in the blue-sequined dress ——extremely rich, very married, eminently corruptible, and *a willing infidel*.（あのブルーのスパンコールのきらきらしたドレスの金髪だ。とんでもない大金持ちで、妻の座はがっちり握っているくせに、道ならぬことも敢えてするような、浮気予備軍さ）

ローレンス：Perfect.（完璧だ）

ここで示される理想的なカモの4つの特徴だが、"extremely rich" なのだから、巨万の富から少しばかりいただいてもまだ extremely rich のままでさほど困りはしないだろうというのがまず第一の点である。そして、"very married" な人、つまり「妻の座はがっちり握っている」人とは、本人にとって結婚していることがきわめて大きな意味をもち、何があってもその座だけは捨てたくないご婦人をここでは指している。つまり、たとえバカンス先のリビエラで誘惑され、金をいくらか騙し取られたとしても、夫にばれるのが怖くてそう簡単には警察に届けないだろうから、都合がよい。

　"eminently corruptible" は、見事に悪事にのせられやすいことを示す。詐欺師の常識では、性的誘惑に限らず、金銭的に誘惑しようとするときでも、正直者よりも欲張りほど「おいしい話」にのせやすい。そして、最後の "a willing infidel" という表現は、自分からすすんで浮気をしそうなタイプを示している。これも手間が省けて、都合がよく、彼女はまさに理想的なカモなのである。

　アンドレの使っているこの英語表現は、改まっていて文学的である。たとえば、堅いラテン系の単語で「〜に忠実でない人」という意味の "infidel" は、歴史的には（とりわけキリスト教徒とイスラム教徒との間で）「不信心者、異教徒、異端者」などを示す言葉である。これを夫婦間の「不忠実」に対して使うと、いわば「不貞者」といった感じの

言い方になる。だから、たとえ、この "infidel" に "willing"〔抵抗なく、自分からすすんで〕がついて意味が幾分か「浮気性」に近くなったとしても、語感からすると、まだ日本語のそれとはかけ離れている。それに「性」という便利な日本語が文字通り「**生まれつき持っている心の働きの特徴**」として人の「本質」を示すのに対し、"a willing infidel" という英語には、「生まれつき」や「本質」などの概念がまったく入っておらず、ただ、なぜかそのときには浮気をする気が十分あった、といったことしか示さないので、意味合いの上でも「浮気性」には当てはまらないのだ。

　もっとも、アンドレの役柄は英語を母国語としないフランス人だから、こうした堅い、「本で覚えた」ようなしゃべり方がもっとも自然なのかもしれない（また、英語圏の観客には、「外国人」が古めかしい文を読んでいるかのようなしゃべり方は意外性があって面白くて楽しい。聞いていると、自分も真似をしてみたくなる程である）。しかしネイティヴ・スピーカー自身は、もっと砕けた言い方をする。実は「浮気をする」という意味をもつ日常英語はきわめて多く、砕けた言い方では、動詞の "cheat" が昔からもっとも頻繁に使われているだろう。その他にも play around, fool around, run around などの "around" がつく、遊び「回る」といった感じの熟語もやはりよく使われる。いずれにしても、使うときには前置詞がポイントになる。具体的に

は、
　"She's cheating *on* her husband *with* his younger brother."（彼女は夫の弟と浮気をしている）
などのように、浮気の相手には"with"を使い、浮気をされて困っている人には"on"を使うのである。

「一緒に」という意味の"with"は、馴染みやすい使い方だろう。1960年代の大ヒット曲 *"Runaround Sue"*（浮気性スー）の冒頭には、こんな歌詞がある。
　"She took my love, then ran around *with* every single guy in town......"（彼女、僕の心を奪っておいて、町中の男と遊び回っていたのさ……）
と、日本語の観点からしても、非常にわかりやすい前置詞の使い方である。

一方の"on"の方はどうだろう。「〜にとって不利益や、迷惑」を表すには、"on"が実によく使われる。たとえば、単なる、
　"Last night, my husband read my E-mail."
という英語なら、「昨夜、主人が私の電子メールを読んだ」か、それとも「〜読んでくれた」か、あるいは「〜読んでしまった」かは、曖昧なのだが、
　"Last night, my husband read my E-mail *on* me."
なら、主人に自分の電子メールを読まれて困ったことがはっきりしてくる。同じように、早めに家に帰った夫が、妻とその若い恋人が一緒にいる寝室のドアをあけた場面を英

語で言えば、

　"He opened the door *on* his wife and her lover."
と なり、また、

　"He had planned to surprise his wife, but the big surprise was *on* him."（妻をビックリさせようと思ったが、自分の方がよほどビックリさせられてしまった）
と言う。こうした "on" の使い方が普通である。

　とはいっても、

　"Fusako was playing around *on* Saneatsu."
という表現が正しいかどうかは、実篤が房子の「行動」にはたして困っていたのかどうかによる。さほど困らなかった、あるいは、むしろそれで特別な刺激を覚えた、とは思いがたいが、大正時代の文化人のことなので、この英語ほど単純な状況ではなかったかもしれない。

　実篤の作品を学位論文のテーマにしなかったのを特に後悔したことはないが、房子の生命力があまりにも印象的だったので、「新しき村」をテーマにすればよかったと思ったことは何回もある。もし、私が大正時代の文学青年で、若いときの彼女に出会っていたら、簡単に誘惑され、そして、後に彼女の「浮気性」に気づいたら大変に困っていただろう、という妙な空想までさせる程の女性だったのだ。

「言い回し」あれこれ

　近年〝現代の日本語はどこへ行こうとしているのか〟という類の本がなぜかたくさん出版され、よく目を通すのだが、多くの場合、結局「日本語の乱れ（カタカナ言葉の乱用、〝ら抜き〟言葉、若者の〝イイジャンカ〟や〝マジ〟など）は、ケシカラン」という程度で話が終わってしまって、さほど参考にはならなかった。

　親友にそう話したところ、井上ひさしの『ニホン語日記』（文春文庫）を薦められた。読んでみると、言うまでもなく、その他の本と正反対だった。マニュアル敬語や大学サークルの勧誘文、役所言葉等々、現代の日本語をあらゆる面から広い度量で観察し、ユーモアに満ちた分析でそれぞれの「言葉現象」を鋭く解説する、気持ちのよい、刺激的なエッセー集であったのだ。また、読み終わってもしばらくの間、どこを見ても著者が指摘した例によく似た日本語ばかり目にとまってしまう、という面白い現象もあった。

　ある日の早朝、『ニホン語日記』をあらためて思い出すことがあった。某ファミリーレストランで注文した「デニーズブレックファースト」を待っている時、学生バイトのウェイトレスが先に一杯のコーヒーを持ってきてくれて、

それをテーブルの上に置くと、「ホット・コーヒーになります」と言ったのだ。「いつ、なるんですか」と、一瞬からかってみようと思ったが、やめた。そんなふざけたコメントが朝っぱらから通じたとしても、面白くも何ともないだろう。それに、別に彼女が好んでその奇妙な日本語を使っているわけではなく、マニュアル通りに言っているだけだろうから、私は素直に「おぉ、ありがとう」とうなずいただけだった（仮に文語体で、たとえば「梅の花今盛りなり」のように、ウェイトレスが「はい、ホット・コーヒーなり」と言うなら、可愛くて面白いと思うけど）。

　それにしても、接客マニュアルを作成する際、「〜でございます」や「〜をお持ちしました」などではなく、どんなときでも「〜になります」で通そう、という発想は気になる。目指している「ニュアンス」がわからないわけではないが、本来の日本語とは違うのではないかと言いたくなるのだ。

　英語圏のチェーン・レストランでも、日本語ほど形の決まった敬語はなくても、言い方をきっちり指図する接客マニュアルは無論ある（一時、アメリカでは給仕人がまず最初に "Hello! I'm Todd. I'll be your server this evening……" などとファースト・ネームで自己紹介する、というやり方が流行し、給仕人は、そんなの知りたくもないという顔を客にたびたびされても、名前を知ってもらった方がチップが統計的に多くなることがわかっていたので、たいていの場合

納得してやっていた)。しかし、全体としては、英語圏での接客の言葉は自由でカジュアルであり、とりわけアメリカの映画を観ると、そうしたことがよく分かる。

『グリーン・カード』('90年)という喜劇にその一例を見ることができる。この映画の主役は、典型的な独りよがりのアメリカン・ヤッピーで、カフェイン抜きコーヒーやシリアルのミューズリなどでヘルシーな食生活を心がける自分に酔っているブロンティ(アンディ・マクダウェル)と、美味が人生をいかに素晴らしくしてくれるかを知っているフランス人のジョージ(ジェラール・ドパルデュー)である。レストランの場面で、ウェイターのジョージが「本日のお薦め料理は"スイス風の子牛レバー、特製ソース"と"懐かしのイギリス風ローストビーフ"」と説明すると、客のフィル(ブロンティのその時の彼氏)は"I don't eat meat."ともっともらしく言う。これに対してジョージは間髪を入れず"Why not?"と、ウェイターとして許される範囲ぎりぎりで、フィルを笑いものにしてくれる。

軽快なコメディである『グリーン・カード』は、プロットに辻褄の合わない点があり、今一つ納得しにくい締めくくり方も気になるのだが、モーツァルトの曲とオリジナル音楽とが背景に流れるなかで、男女の主演俳優がロマンチック・ムードと緊張感を醸し出す魅力は否定できない。また会話劇でもあって、現代英会話の vocabulary building の重要な教材にもなる。

たとえば、"crowd"という英単語は、「人込み」という意味をもつ名詞として一般的な日本人の英語学習者もよく知っているようだが、この映画のセリフに見られるような、他動詞としての使い方、つまり"to crowd (someone)"という言い方にはさほど馴染みがないだろう。これは実際の生活では、人間関係を表すために頻繁に使われる表現である。具体的には、ブロンティを家まで送り、なにかと彼女の部屋に寄りたがるフィル（自信過剰の、いわゆる鼻持ちならぬタイプ）がこう口説こうとする。

"Well, most girls I've known have tried *to crowd* me……except you. I need a little *crowding* from you."

（僕がつきあってきた女の子は、たいてい、しつこく僕を独り占めしようとするのに、君だけは違う。少し君にも独り占めされてみたいな）

この英語の理屈を理解するには、受け身の形を考えればよい。"to be crowded (by someone)"という表現は、人込みに入ってもみくちゃにされたときの「息苦しさ」を比喩にしている。つまり人に「近寄られ」すぎているために言動が自由に出来なくなり、束縛されているような状態や気分である。

身につけたい自然な表現の例として、次のようなものもある。ブロンティとジョージの会話で、彼女が「私をどんな立場に立たせてしまっているか、分かっているの？」と

怒るところがある。学校英語から発想すると、「立場」は "standpoint" か "position" か、「分かる」は "understand" か "know" か、そして「立たせている」は一応 "are making me stand" でもなんとかなりそうだけど、最後の stand の後に、前置詞を使うべきかどうかなど、つなぎ方にちょっと迷ってしまう、といった感じにならないだろうか。たとえば、

"Do you *understand* the *standpoint* which you *are making me stand?*"（あるいは stand *on* か、stand *in* か）

などと訳すかもしれない。ところが、実はここのセリフの英語は、

"Do you *realize* the *situation* that you've *put me in?*"

である。

まず語彙のことだが、場合によって「分かる」という意味になる "understand" "know" "realize" という３つの単語には使い分けがあって、ここでは "realize" がピッタリ合う。基本的には、"know" はある「知識」がきっちり頭に入っている状態、"understand" はある「意味」をしっかり理解している状態、そして "realize" はある「意義」に気づいている状態を表しており、使い分けは比較的はっきりしている。たとえば、好きな彼女が昨夜どこに行っていたのか分からない場合、

"I don't *know* where she went last night."

ということになるが、なぜ彼女がこの頃冷たいのか、考えても理解できない場合、

"I can't *understand* why she's been so cold to me lately."

ということになる。そして、実は彼女が自分に飽きて別の男とつきあい始めたことにやっと気づいたときには、鈍感だった自分に向かって、

"I never *realized* (from her actions and attitude) that she was getting tired of me and had started seeing someone else."

とつぶやくことになるのである。

続いて、『グリーン・カード』のセリフ、

"Do you *realize* the *situation* that you've *put me in*?"

に戻って、英語の時制のことを考えてみよう。過去のある時点からその「立場に立たされて」今もそこに「いる」という、日本語の「立たされている」状態をここで正確に表すのが、まさに現在完了形の "have put me in" である。進行形の "are putting me in" という表現も可能だが、これだと「今 "put" することさえやめてくれればなんとかなる」という状態になってしまい、この場面でのもう取り返しのつかないほど「完了した」situation とは異なる。

こうした身につけたい表現がセリフのなかにふんだんに

盛り込まれている洋画は実に多い。同様に、私たち日本語学習者に、とても面白い日本語を教えてくれる邦画も多い。伊丹十三の『タンポポ』では、「老人」という人物が使用人の「ショウヘイ」にラーメンをつくらせ、世話になった「先生」たちにその秘訣を教えてあげるという場面があり、英語字幕は次のようである。

  Old Man: Since my rescuer is having trouble, I feel I must do something. Will you let this old man help? Shohei, come here.

  Shohei: Yes, sir. Nothing special, but......, please sample my noodles.

一応、意味は通じるが、元々の日本語は、次のようである。

  老人——命の恩人がラーメンで苦労しておられると聞いてね、あたしも黙っとられんようになりました。この老人にも一肌脱がしてください。おい、ショウヘイ。

  ショウヘイ——へい、やあ、みなさんにちょっとわろうてもろうと思いましてね、小ちゃなね、ラーメンつくってみました。どうぞ。

と、英語字幕にはない、味わいたっぷりの日本語表現があって、楽しい勉強になるのである。

ところで、この二人のそれぞれの独特な言い回しをみると、また「ホット・コーヒーになります」を思い出す。確かに、若い人は一般的に「〜でございます」という言い回

しが苦手のようで、マニュアルの作成者がそこまで配慮したのかもしれないが、それにしても、何でも「〜になります」で通してしまうほど見境のない使い方が今後定着するのだとすれば、なんだか悲しい気がする。

「日本人」としての自覚

　日本人は海外旅行中、やはり自分は日本人だな、と思い知らされることがたびたびあるらしい。ちゃんとしたお風呂に入りたくてしょうがないとか、ホテルのベッドで寝ようとすると急にお茶漬けが食べたくなるとか、ひょんなことから「日本人としての自覚」が喚起されるという。私の知り合いや友人の話によると、それによって複雑な気持ちに襲われることもあるようだ。

　これといった複雑な気持ちにはならなかったのだが、実は、正月旅行で、私も似たような「自覚」を経験してしまったことがある。「いよいよ日本人になってしまったのか」という自覚だった。

　フィレンツェで大好物のイタリア料理が3、4日つづいたあと、胃がだいぶ重くなっていた。今日もイタリアンかと思うと、一食で出てくる量を想像しただけで食欲がなくなる。たまたまその日のお昼頃行ったサン・ロレンツォ教会の近辺で日本料理屋を探していたが、見当たらない。そんな時、ふと中華料理屋が目に入った。その窓には、いかにも普通の日本人の手書きといった感じで、「やさしいお味の店です」というワンフレーズが飾ってあった。これで決まりだなと、さっそく友人と入り、春巻きや、チャーハ

ン、五目焼きそば（やわらかい方）等々、たのんでみると、どれも文字どおりの「やさしいお味」で、日本で食べる中華を思い出させるような、洗練されて胃にもやさしい料理だった。そして、食後のジャスミン・ティーを飲みながら、「ああ、助かった。ああ、よかった、よかった」と日本語でつぶやいている自分に気づいて、私は驚いた。いよいよ日本人になってしまったのか、と。

　日本での暮らしが長くなると、アメリカ人でも次第に日本の食生活になれてしまう。また、野菜と魚が中心の、一食の量もほどほどという健康的な和食になれてしまうと、逆に、アメリカに帰るたびに、向こうの「肉中心」と、量に対する「感覚麻痺」に改めてビックリする。

　とある日、ミネアポリス空港で、隣の椅子にすわっている夫婦のところに、14歳くらいの娘がペプシコーラを持って現われた。それだけなら、よく見かける光景に過ぎないのだが、その紙コップは、これまで見たこともないジャイアントサイズで、おそらく1.5リットルは楽に入るだろう。母親はそれを見て「なに、それ、キム？　2杯目じゃないの」と怒ったふりをして余裕たっぷりに笑っていたのだ。

　私が日本の食生活になれるプロセスには、さまざまな忘れがたい体験がある。初めて天婦羅を食べたのは、赤坂見附の比較的高級な店に招待された際だった。アツアツでいただき、こんな美味しいものが世の中にあったのかと、驚いた。やはり、天婦羅はすばらしい発明である。どんな食

材にしても、たとえ「タラの芽」のように生ではとても食べられないものにしても、天婦羅にすれば、芳ばしく、美味しくなるのだ。

初めての炉端焼きも印象的だった。ずらりと並んでいる新鮮な食材が綺麗で、目の前で焼かれるその姿を見ているうちに、食欲がわいてくる。焼き鳥も同様である。合鴨や手羽先、砂肝、椎茸、銀杏、獅子唐等々を、苦味とこくと切れがバランスよく揃っている日本のビールと一緒にいただくのは、まさしく至福のひとときではないだろうか。また、それが安くて美味しい赤提灯であれば、さらにうれしいことである。

お雑煮もまた驚くほど美味しくて、私が初めて過ごした日本のお正月の貴重な思い出になっている。とりわけ、焼餅の香りと柚子の香りとが微妙なハーモニーを奏でていたのが忘れられない。

在日の欧米人は、たいてい日本の豊かな食生活に喜んでいる。たとえ刺身のことを raw fish と聞いて、言葉の響きだけで抵抗があったとしても、一度マグロなどを食べてみれば、その旨さに抵抗感は一瞬にして消えてしまう。私の場合、蛸を見てこれはどうかなと思った。というのも、生まれ育ったウィスコンシン州の「食文化」には、外国からの刺激がきわめて少なく、海の幸もない。そして、octopus という動物は不気味な「怪獣」であり、人間が食べるものではない、というイメージが強いのである。とこ

ろが、実際食べてみると、味もよければ歯ごたえも最高ではないか、とこれまでの自分の偏見は一瞬にして崩れ去った。初めて口にした蛸の刺身から、私は大きな教訓を得たのだ。

　来日して間もない外国人を接待する場合、寿司や、しゃぶしゃぶ、すきやきは勿論のこと、天婦羅や、とんかつ、串焼き、焼き鳥、炉端焼きなど、分かりやすい「揚げ物・炭火焼」の類も成功する確率がかなり高い（逆に、おでんとなると、見たことのない材料が多く、それぞれの美味しさを理解するまでに時間がかかり、1回きりの接待では喜んでもらえないかもしれないが）。また、外国人の場合、安いものでもよい。たとえば、昼食には、カツ丼、親子丼が理想的である。卵と肉とネギとご飯の、それぞれの味が混ざった微妙な旨さには、誰もが喜ぶだろう。

　日本の暮らしがもう長くなっている私も、まだまだ食べたことのないものがあるようだ。たまに友人と一緒に行く築地の美味しい小料理屋があるのだが、行くたびに初めてのものに出会って、改めて日本の食文化の豊かさに感激することになる。

　もうそろそろ春になって、そのうち、新竹の子、締鯖、黒メバルの塩焼き、鯛の兜焼き、芝えびの糝薯揚げなど、その店で知った品が再登場するのを楽しみにしている。地酒に、旨いものをつまみながら、久しぶりに会った友人にその間の消息を聞く——こんな日本ならではの体験こそ、

貴重に思えるのだ。魚と野菜を中心にした日本の食事は、何より「旬」を重視するところが最大の魅力だと思う。また、一食の献立の中で、あるいは季節に応じても、たいてい冷のものと温のものとのバランスがうまくとれているので、一年間の食事にしても、なかなか飽きない料理である。これは、古くからの知恵なのだろう。

英語と日本語のあいだに

中華料理はしみじみ旨い

　筒井康隆著の短編集、『薬菜飯店』(新潮文庫) の表題作では、主人公の男が見かけた小さな中国料理屋のショー・ウィンドーに、こんなメニューが一枚貼られている。

　　薬菜各種献立
　鼻突抜爆冬蛤 (肥厚性鼻炎治癒)
　味酒珍嘲浅蜊 (肺臓清掃)
　冷酔漁海驢掌 (肝機能賦活)
　煽首炸奇鴨卵 (咽喉疾患治癒)
　睹揚辣切鮑肝 (視力回復)
　焦鮮顎薊辛湯 (鼻中隔彎曲症治癒)
　　　　　　他健康薬菜百種

「ぐび、と、おれののどが鳴った。……長ったらしい料理の名前がまことに刺戟的であった上、その効能が現在のおれのからだの具合が悪いところすべてに関係していたからでもある。からだに必要なものは食欲となって自然に摂取されるというが、文明人たるおれは文字そのものから摂取欲を起したわけだろう」と彼は言う。

　漢字圏育ちの文明人ではない私も、こんな献立を街で見かけたら、体の具合が特に悪くなくても、2、3品くらいは食べてみたくなるだろう。中華料理店のメニューに対す

る私の反応は、一般の日本人ほどではないかもしれないが、メニューは自分なりに楽しんで読んでいる。たとえば、

　海参鍋杷（なまこ入りおこげ料理）

　樟茶鴨（四川風特別燻鴨）

　酒釀湯圓（白玉団子入り甘酒スープ）

などは中国語のほうが面白いと感じ、食欲をそそられるのだ（日本語の説明文もちゃんと付けてほしいと思うけれど）。

　"Chinese restaurant"が一軒もない町に生まれ育ったため、大学に入って初めて"Chinese food"を食べたのだが、今では中華料理のない生活など考えられない。そこまで私の味覚を啓発してくれたのは、日本で出会った中華料理だ。この十数年、本場中国以外の、いろんな国で中華料理を食べてきたが、いちばん水準が高いのは昼夜を問わず、ほとんどの街で美味しいラーメンや餃子、やきそば、あるいは正餐まで期待できる日本の中華料理だと思う。

　フィレンツェに滞在中、大好物のイタリア料理を堪能したが、数日続いて胃がだいぶ重くなった時、たまたま中華料理店に立ち寄った。そして、日本で食べる中華のように洗練され、胃にやさしい料理に出会えてよかった、という話を前に書いた。あの時はラッキーだった。食にこだわるイタリアでも、あれほどの店はめったにないだろう。ましてやアメリカやイギリスなどもともと味にうるさくない国となると、たとえ、そこで出された中華料理が他の外食よりもましだとしても、喜べるような味だとは言い難い。

英語と日本語のあいだに

　日本の中華は格別である。数年前の秋のある月曜日、東京港区で、生まれて初めて上海蟹を食べたのだが、そのミソの旨さには驚いた。連れていってくれた中華通の知人によれば「上海蟹が日本に入ってくるのは、月曜日と木曜日だけですから、翌日には味が落ちているはずです」とのことだ。
　そこまで珍味でなくても、日本の中華料理店は雰囲気も刺激的である。大陸の田舎から来日して間もない店員に、それまでのいきさつを聞くと、知られざる世界、つまり向こうの生活の大変さや、人間の勁さなどに驚くこともある。来日して間もない欧米人、とりわけ、いまだに何らかの疎外感を抱いている欧米人にとっては、そういった中華料理店の方が日本料理店よりも入りやすく落ち着ける場合も少なくない。
　その昔、一人暮らしで親友もいなければ、お金もあまりない、ただただ寂しく日本語学校に通う毎日を送っていた時期、私もそんな体験をした。自分の身を哀れみ続けて半年ほど経った頃、近所に小さな中華料理店を発見したのだ。その店のおかげで食生活が一段と豊かになった上、店の家族は、まるで新しい息子を迎えたかのように私に親切にしてくれた。中華料理店の存在が精神的にも大きな支えとなったのである。
　その店に通い始めた頃に食べた豚の角煮と鶏の唐揚げ（骨付き）とコーンスープの美味しさも忘れられない。ホー

ムシックにかかっていた当時の私には、それが幾分かアメリカ料理に近く感じられ、特別なものとなったのだ。

　新しい中華料理店を訪ね、店員たちの働いている姿を見ると、一見家族のように見えるのに、話を聞くと実はそうではないというケースが往々にしてある。不思議なことに、トスカーナの田舎町での体験が、そういう事を意識するきっかけとなったのだ。ある日曜日の夜、宿から車で10分くらいの小さなトラットリアに立ち寄った。経営者兼チーフ・ウェイトレスの小母さんはナポリ出身、もう一人のウェイトレスはシチリア人である。美味しいものをいろいろいただき、最後にデザートが出た頃には、ほかの客は皆、すでに帰っていた。小母さんたちは隣のテーブルに座って、地元の話や家族の話などを聞かせてくれた。その場には小母さん以外に、シチリア人のウェイトレスと78歳になる小母さんの母親、そして18歳くらいの可愛い娘に見えるが、実は二児の母で25歳になるというナポリ出身の女性がいた。

　話をするうち、彼女たちがまるで私の故郷から来た親戚のように懐かしく思えてきた。と同時に奇妙なことだが、東京の中華料理店で見かけた「働いている姿からは一見家族のように見えるが、話を聞くとそうではない」店員たちに雰囲気が似ているとも思った。それぞれ遠くからきた人たちが、話の通じる仕事場で仲間同士家族のように結びつき、働く喜びを分かち合う。そんな姿に共通するものを感じたせいだろう。

「薬菜飯店」は、主人公がその店で、体が必要としている料理をいくら食べても満腹にはならない、というファンタジーの話だが、私が日本で知った中華料理の世界と自分との関係を考えると、いくら食べても飽きることなく、また食べに行きたい、という状態がずっと続いているので、その話にはある種の真実が表されているような気もする。

インターネット英語講座

Arts & Letters Daily
http://aldaily.com/

ニュージーランド発の
『日刊文芸』は質量とも充実の
メディア情報サイト

　最近のアメリカのニュースによると、インターネットに没頭して一日平均、十数時間もオンラインしている"Internet junkie"（インターネット漬けの人）が近年急増していて、アルコール依存症やギャンブル常習と並ぶ「新社会問題」になる恐れがあるという。仕事や家庭を犠牲にしてしまうほどのめりこんでいるこのジャンキーたちは、けっしてポルノや、Eメール不倫、バカげた陰謀説などのような「不健全」な事柄に耽溺している人間ばかりではなく、むしろ、インターネットの利用法自体はまともなのだが、それがあまりにも面白くて病み付きになってしまった、という人の方が多いようである。

　私はそこまではいかないが、仕事の必要上インターネットで何かを調べたサイトで、仕事には直接関係ないが面白そうなリンクが気になることが多い。それを開いてみると、また別のリンクも見つけて開いてみる……という具合に次

から次へ進む。思いがけない発見を楽しんでいて、仕事を完全に忘れてしまうのである。

　が、ときには、その当面の仕事を忘れてもよいと思えるほどためになる発見もある。たとえば、ある日見つけた、ニュージーランド発の「メディア情報サイト」、*Arts & Letters Daily*（『日刊文芸』）もまさにそういった感じである。リンク集となる左側の列には、まず *London Times* などの英語圏の新聞社21社、A.P. などの通信社14社、*Atlantic Monthly* などの雑誌83社があげられているほか、数多くの書評欄や、名著のコラム、流行の漫画等々がリストアップされていて、全部で160あまりの興味深いサイトが揃っている。

　また、画面の右4分の3は、英語圏のあらゆるプリント・メディアやインターネット雑誌などから上手くピックアップされた、最新の優れた記事へのリンクが集められている。それが *Articles of Note*（注目に値する記事）、*New Books*（新刊の紹介）、*Essays and Opinion*（エッセイと主張）、という三つのグループに分けられて、短い紹介文で表示されている。いま現在私がこの文章を書きながら見ている *Arts & Letters* の "Weekend Edition"（週末版）では、こうした読み物が百数十もある。しかも、それが週に6回アップデートされるのである。

　Essays and Opinion からの一例、"Oh, the banality of the

language of disaster"（〔メディアに見られる〕災害用語の、なんと陳腐なこと）を見てみよう。これはイギリスのオンライン雑誌 *Independent News* のエッセイであり、こんな小見出しもつづいている。

'Grisly tasks', 'mangled wreckage', 'tight-knit communities'. Such homogenised, trite phrases make a disaster seem not more but less real. (「陰惨な仕事」、「大破した機体」、「緊密な住民関係」。こうした陳腐な常套句では、災害の現実が伝わるどころか、遠ざかってしまう）。このエッセイの英文は、全般に簡潔で上手い。たとえば、数多く指摘されるありきたりの「災害用語」は "Numbs exactly the feelings of sympathy it strives to induce."（〔読者に〕抱かせようとしている同情の感覚をむしろ麻痺させてしまう）というインパクトのある表現などその典型である。この短い文章は、最初の numbs（麻痺させる）に強調の exactly と始まるので、numbs の反対の意味の induce（抱かせる）が最後に入ってくると、読者はいささかドキッとするのである。

　良かれ悪しかれ、インターネットに載っている情報の8割は英語である。が、ほとんどの場合、その英語自体はさほどむずかしいものではない。この章では、分野にこだわらず、よく出来ているサイトとその英語を紹介してゆきたい（なお、URLは2003年5月現在のものです）。

インターネット英語講座

The Internet Movie Database(IMDb)
http://www.imdb.com

オスカー圧勝！　5冠を祝して
『アメリカン・ビューティー』に
アクセスすれば

　大学の仕事上、もっとも頻繁に使っている「お気に入り」サイトは、まぎれもなくこの「インターネット・ムーヴィー・データベース」である。映画のことなら何でも検索できるこのサイトは、仕事でなくとも、おもしろい。また、映画の些事愛好家にとっては、大変な宝庫だ。

　たとえば、トップページから、'99年のアメリカ映画で最高に評価された『アメリカン・ビューティー』(*American Beauty*)を検索すると、まずPlot Outline（ストーリー）とキャスト・スタッフ一覧などが出てくる。そこで、主演のケビン・スペイシーをクリックすれば、彼の経歴が詳しく表示される。どの情報にもリンク先があり、たとえば、ケビン・スペイシーの誕生日（7月26日）をクリックすると、なんとミック・ジャガーとスタンリー・キューブリックも同じ誕生日だった、なんてことも分かる。そこからキューブリックの経歴ページに飛び、……などなど、気

が向くままに際限なくリンク・サーフィンを楽しめるのだ。

しかし、もっと「まじめな研究」が目的なら、external reviews（さまざまなメディアからの批評）を薦めたい。短いものもあるのだが、むしろ、本格的に書いてある映画評の方が多い。どちらにしても、好きな映画、あるいは、これから観ようと思っている映画の批評なら、読む価値があるだろう。また、英文読解力を楽しく高めるための読み物としてもお薦めだ。

ところで、『アメリカン・ビューティー』の批評一覧ページには、リンクが41ほど並んでいる。いくつか拾い読みすると、"American masterpiece"（米国産傑作）というおもしろい文句が目立つのに気づく。これらの批評の読者は、誰もがこの映画はハリウッドの作品だということくらい分かっているはずなので、本来なら何もわざわざ "American" をつけることはないだろうが、この言い方はある種の「撞着語法」なのである。つまり、多くの評論家にとって、娯楽を目的とする「アメリカ映画」と、ヨーロピアン監督の「傑作映画」とは、意味合い上ほとんど対立している語句なので、「米国産」に「傑作」を並べて表現すると、特別なインパクトがあるのだ。『アメリカン・ビューティー』に限らず、IMDb の external reviews を一つだけ選んで読んでみたい人には、英語圏でもっとも多作な映画評論家 James Berardinelli の Reel Views を薦める。彼の批評は、

本格的で、大抵バランスがとれているからだ。

　ベラルディネッリも他の映画評論家と同様に比喩的表現をよく使うが、彼の典型的なセンテンスを一つ例に取ろう。

　American Beauty doesn't trailblaze a path into hitherto untouched cinematic territory, but its presentation of vivid characters in interesting situations makes the story seem fresh.（『アメリカン・ビューティー』は、これまで未開だった映画の境地に新しい道を開拓したわけではないが、鮮明に描き出された登場人物を興味深いシチュエーションに置くことによって、物語を新鮮なものにした）

　"trailblaze"（未開地を通る道を作るための道標として、樹皮を削って目印をつける）という動詞は、一般の日本人には馴染みがないかもしれないが、英語圏では頻繁に使われる言葉である（"trail" は「小道」であり、"blaze" は馬や牛などの顔に見られる白いぶちを意味する語だが、本来の意味から転じて「樹皮に削られた白い目印」を指すようになった）。

　"untouched" もおもしろい表現である。文字通り「触られていない」というところから、「手つかずの」や「前人未踏」などの意味で比喩的に使われる。「原始林」を「処女林」というように、"untouched...territory" を "virgin...territory" に取り替えてもまったく差し支えないのである。

Corby's Table
http://www.theatlantic.com/food/food.htm

全米一のフード＆トラベルライター、コービィ・カンマーが食生活を豊かにする

　よいウェブサイトは日常生活に役立ち、理想的なウェブサイトは食生活を豊かにする。私はこの頃そんな見方をするようになった。そういう点で、もっとも理想的といえるのは、まさにこの"Corby's Table"である。アメリカでナンバー１のフード＆トラベルライター、コービィ・カンマーの書いた記事を、数年前に *Atlantic Monthly* 誌で見つけて以来、私の生活は"食"はもとより"旅行"に関してもずいぶん豊かになった。

　気取りのない、人間味あふれる逸話の多い彼のエッセイを読むたびに、その鋭い鑑賞力に舌を巻く。自分も同じ場所に行き、同じ物を食べてみないと損をするという気持ちが湧くのだ。実際、何度も実行したが、一度もガッカリしたことはない。彼の薦めに従って、イタリア人にすらあまり知られていないイタリア、マルケ州の田舎をレンタカーで回り、リグリア州では地元のオリーブオイルを味見した。

インターネットでデザートワインを注文、試飲したこともある。そして、その都度、やはりコービィが書いた通りだと納得したのだ。

私の日常生活において、今でも一番プラスとなっているエッセイは、おそらく1998年の "Pesto by Hand"（「手作りのバジルペースト」http://www.theatlantic.com/issues/98aug/pesto.htm）だろう。著者の説明通りに作ってみたら、それまで味わったことがないほど芳ばしく豊かな風味を持つペーストができた。

コービィ・カンマーの典型的な文章を読んでみよう。

In examining myths around the creation of pesto I was gratified that one—the only true pesto is made with basil grown in Genoa and its hinterlands—shattered upon inspection and close tasting.（ペースト作りに関するさまざまな神話を調べる過程で、大変ありがたく思ったことが一つだけあった。入念な味見によって「本物のペーストはジェノバと、その後方に広がる土地で栽培したバジルでしか作れない」という神話は打ち砕かれたのである）

I was surprised and troubled, however, that the myth I most wanted to demolish remained tauntingly intact: pesto made by pounding and mixing the ingredients by hand with a pestle in a mortar is the best.（ところが、意外、かつ困ったことに、もっとも打ち砕きたかった神話が、確固たる事実として残

ってしまった：「すり粉木とすり鉢を使い、素材をすり潰して作ったペーストが一番美味しいのだ」)

　ペースト作りの大事なポイントを伝えながら、著者の態度も面白く示した上手い英文である。

　一つ目のセンテンスに "I was gratified that one . . .shattered" とあるが「打ち砕かれてよかった」という気持ちを表現するには、gratified 以外の単語、たとえば、"I was pleased that..." や、"I was happy that..." などと言ってもよい。しかし、gratified を使うと、それで満足しているというニュアンスが強まり、断然、表現の面白味が増す。

　これと対照をなすのが、次のセンテンスの "surprised and troubled" だ。これも楽しく、気持ちのよい言葉である。「結局、手間暇かけた手作りペーストが一番美味しい」という「確固たる事実」が「意外、かつ困ったこと」だと表現しているわけだが、おそらく著者自身の本音と思えることを述べながら、そのありがたくない事実を、ここで初めて知らされた読者の気持ちも代弁しているところが、実にコービィ・カンマーらしいではないか。

　ちなみに、美味しいトマトの好きな人は、彼の *"Tuscan Tomatoes"*（「トスカーナのトマト」http://www.theatlantic.com/issues/98sep/tomatoes.htm）というエッセイを、ぜひとも一読してほしい。

インターネット英語講座

Sake World
http://www.sake-world.com

在日アメリカ人による
日本酒サイトは、生き生きした
英語表現が味わえる

　この10年間、世界中で広がったワインブームにともなって "Japanese rice wine"（日本酒）に対する関心もだいぶ高まってきたようだ。また、幸いなことに、インターネットのお陰で、海外からでも日本酒のことを簡単に調べられ、美味しい地酒もわりあい容易に購入できるようになっている。

　私の最も信頼している「酒サイト」は、在日アメリカ人の酒ライター、John Gauntner の *"Sake World"* である。奥行きが深い日本酒の世界をわかりやすく紹介してくれる Sake World の説明は、英語で書かれた文章だが、日本人にも非常に面白いのではないかと思う。

　たとえば、"Tasting Parameters"（味わいのパラメーター）として、次の8つの用語が使われている。

1. Fragrance (none→fragrant); 2. Impact (quiet→explosive); 3. Sweet/Dry (sweet→dry); 4. Acidity (soft→puckering); 5.

Presence (unassuming→full); 6. Complexity (straightforward→complex); 7. Earthiness (delicate→dank); 8. Tail (brief→pervasive)

「1. Fragrance」は単純に「香り」を表す単語なので、最も理解しやすいだろう。それに比べると「口当たり」を表現する「2. Impact（衝撃度）」は、やや意外な言い方だ。しかし、納得できないことはないと思う。Impact の「範囲」を表現する "quiet→explosive"（「静か」から「爆発的」まで）は実に英語らしくて面白い。「3. Sweet/Dry（甘口／辛口）」と「4. Acidity（酸味）」は、ごく普通の表現だが、Acidity の範囲、"soft→puckering"（「やわらかい」から「唇をすぼめさせるような」まで）には、きわめて英語的な発想が感じられる。

Gauntner のパラメーターで、ワインの形容に頻繁に使われる、「"軽い"から"フルボディ"」の「ボディ」に一番近いのは、「5. Presence」である。これは文字通り「（口の中の）存在感」を意味するが、なかなか上手い言い回しではないか。また、「存在感」の少ない方を "unassuming"（控え目な）というのも楽しい形容の仕方だ。「6. Complexity（複雑性）」の、straightforward（率直）→complex（複雑）は、いささかむずかしい概念かもしれないが、著者によると、complex は日本語の「奥深い」を表しているそうだ。なるほど、気持ちは分かるような気がす

る。

　もっともつかみにくい英語のパラメーターは紛れもなく、「7. Earthiness」である。「こくの度合い」と関連しているようだが、その範囲のdelicate（デリケート）が分かっても、dank（じめじめした、湿っぽい）となると、ちょっとピンとこない。

「8. Tail」は後味を言い表す語だ。これはワインに使われる決まり文句であり、brief（すぐに消えてしまう）からpervasive（広く、長い）までの範囲で味の「余韻」を表現している。著者が「切れ」と訳すTailは、文字通り「喉を通る一口の酒の尾」という意味で、生き生きした分かりやすい表現だが、ここにワインと日本酒の感覚の違いが感じられる。つまり、喉ごしが良い「切れがいい」酒は、briefとなるが、ワインの場合、これは必ずしも望ましい性質とは言えないのだ。

　とはいえ、"Sake World" に見られる酒通のアメリカ人の見方は、いろんな意味で刺激的である。また、便利な「酒パブガイド」もあり、それぞれの店や地酒に対する著者のコメントも参考になる。珍しいことに、日本酒のラベルを読めない外国人のためのSake Label Serviceまである。ラベルに書かれていることが分からなければ、コピーや写真をとって著者に送れば、説明してくれるそうだ。

epicurious
http://eat.epicurious.com

"好奇心旺盛な美食家"のための洗練されたレシピ・データベース

　食のサイトも紹介したい。食生活を楽しくする、洗練されたレシピ・データベース、"epicurious"である。このサイトのネーミングは、epicure（美食家）に curious（好奇心を持っている）をかけた言葉の遊びなのだが、内容的にピッタリ合う名前だと思う。"epicurious" には、料理のレシピだけではなく、ドリンクの作り方も1000種類以上リストアップされており、kitchen equipment（厨房道具）のガイドや、wine dictionary（ワイン辞典）等々、便利な「参考書」も数多く揃っている。

　概してレシピというものは、用語が限られ、言いまわしもシンプルなので、わかりやすく、使いやすい英文で書かれている。"epicurious" のレシピもまさにそうであって、英語をいささか苦手とする人でも、この膨大な情報を十分活用できるはずである。

　簡単な例、たとえば、暑い日に冷たいリフレッシングな

飲み物 "CAMPARI CITRUS COOLER" のレシピを見てみよう（現在のサイトにはもう載っていないかもしれない）。材料は 1/4 cup orange juice; 1/4 cup grapefruit juice; 1 jigger (1 1/2 ounces) vodka; 1 tablespoon Campari, or to taste; 1/3 to 1/2 cup chilled seltzer; Garnish: slice of orange。表記の分量が分かりにくければ、*"epicurious"* の "metric converter" を使えばよい。"1 tablespoon Campari, or to taste" の "or to taste" は「もしくは、お好みの量」という意味である。材料リストの中で、さほど馴染みがないと思える単語は、chilled（冷えている）と seltzer（炭酸水）と Garnish（つけ合わせ）くらいだろう。

作り方は、以下の通りだ。

In a tall glass filled with ice, combine orange juice, grapefruit juice, vodka and Campari. Fill glass with seltzer. Garnish with orange slice.

これなら、ほとんど辞書を使わず理解できるだろう。

さて、料理の方はどうだろう。私の好物である "SPINACH RICOTTA GNOCCHI WITH TOMATO SAUCE"（ほうれん草・リコッタチーズ入りのニョッキ、トマトソース）のソースの作り方には、こんな典型的な表現がある。

...cook garlic and onion in oil over moderately low heat, stirring, until onion is softened. Add tomatoes with reserved juice, wine, and salt and pepper to taste, and simmer, uncovered, stirring occasionally, until thickened, 20 to 25 minutes.

　重要な単語のほとんどが、レシピに頻繁に使われている動詞と副詞である。動詞は、stir（かき混ぜる）、add（付け加える）、reserve（とっておく）、simmer（ことこと煮込む）、thicken（濃くなる）、副詞は moderately（ほどよく）、uncovered（蓋をとったまま）、occasionally（時々）である。これだけ単語を覚えれば、他にもかなり多くのレシピができるのではないだろうか。この際、combine（組み合わせる）、drain（水を切る）、rinse（すすぐ）、slice（薄く切る）、chop（切り刻む）、dice（さいの目に切る）も覚えておけば、完璧に近い。

　ところで、サイトとして *"epicurious"* ほど洗練されてはいないが、レシピの数だけなら世界一に違いない *"SOAR (Searchable Online Archive of Recipes)"*（http://soar.berkeley.edu/recipes）も紹介したい。カリフォルニア大学バークレー校で管理されているこのサイトは、カテゴリーだけでも圧倒される。

　たとえば、エスニック料理ひとつとっても、アルメニアからユダヤまで、64種類ほど並んでいるのだ。なかでも、Cajun（ルイジアナ州に住むフランス人移民の子孫の）料理は試す価値がある。日本ではあまり知られていないようだが、意外と日本人の口に合っていると思う。とりわけ、

オクラや蟹などの魚介類がたっぷり入っている "Seafood Gumbo"（シーフード・ガンボ）はお薦めだ。これを、ニューオリンズのジャズやブルースを聴きながら食べると、より美味しくなるだろう。

Rotten Tomatoes
http://www.rottentomatoes.com

英語圏のあらゆるメディアから
映画評を幅広く
紹介するサイト

　この頃、仕事の締め切りに責め立てられて映画を観る暇がなかなか取れない状態が続いているので、たまに観る機会ができたときは、ガッカリしない映画をなるべく選びたい。私の知るかぎり、日本のマスコミの「映画評」は、たいてい「紹介文」に終わってしまって、さほど参考にならないので、英語圏での評判を調べてみる。

　資料として、まず徹底した映画評を毎週載せるアメリカの雑誌『The New Yorker』を見てみる。権威と原稿料の高さ、及び文章の品格がアメリカ１と言われるこの雑誌が起用する評論家は、信頼性の高い者ばかり。しかし、それでも偏見というものが絶対にありえないわけではないので、次のステップとして、英語圏のあらゆるメディアから映画評を集めてくれるウェブサイト "Rotten　Tomatoes" で、『The New Yorker』の見方を検証してみる。

　このサイト名は、下手な舞台に怒った観客が、腐ったト

マトを俳優や歌手に投げつける「慣習」に由来しているのだが、"Rotten Tomatoes" は、批判的なものばかり載せているわけではなく、評論を幅広く紹介するサイトである。

たとえば、*The Cider House Rules*（『サイダーハウス・ルール』）を検索してみると、"John Irving's book about the need for family and purpose fits perfectly on the screen."（家族と目標の重要性を主張するジョン・アーヴィングの小説が銀幕にピッタリ）という意見があれば、"Rule no.1-don't go."（第1ルール：観に行かないこと）という意見もある。『サイダーハウス・ルール』の場合、全部で59の評論へのリンクがあり、肯定するものには完熟トマトのマークがつき、否定するものには、ぶつけられた「腐ったトマト」がはね散った「跡」のマークがつく。また、読者に親切なことに、それぞれの評論家の立場がだいたい想像できるように、本文から上手く選ばれたワンフレーズがどのリンクにもついている。

こうしたワンフレーズを読むだけでも、楽しい英語の勉強ができる。たとえば、ニューヨーク州はロングアイランドのニュースデイ紙が、『サイダーハウス・ルール』のことを "A voluptuous page-turner of a movie."（息もつけないほどおもしろい、官能的楽しみに満ちた映画）と述べているのを見て、こんなに気取って大げさな英語があったのか、といった感じの発見ができる。あるいは、ニューヨーク・

シティのヴィレッジ・ヴォイス紙の評論家が同じ映画を観て、こう語る。"As paternalistic, puffed-up, and dull as a congressional debate about abortion rights." （堕胎権利についての国会討論に負けないくらい、父権的、かつ尊大な、退屈なものである）。この短い文句でも、十分な vocabulary building になるのではないだろうか。

"Rotten Tomatoes" は、映画検索をやりやすくするために、アルファベット順の総合リスト以外にも、"Opening"（今週から上映）、"Box Office"（興行成績ベスト10）、"In Theaters"（上映中）、"Upcoming"（近日上映）等の範疇を設け、さらに、いまではビデオでしか観ることのできない作品に関しても、同様にそれぞれ数多くの評論を紹介している。

'80年の「『天国の門』以来」と言われるほどの失敗作としてアメリカでは散々に酷評され、有名になった映画、『ミッション・トゥ・マーズ』の広告ポスターを都心の駅のホームで見かけたことがあるのだが、そのポスターの下部に、「全米NO.1大ヒット！」と書いてある白い紙が貼られていた。たとえ、違法行為にならなくても、モノがなにしろあの駄作『ミッション・トゥ・マーズ』なのだから、そんな姑息なやり方は、アメリカ国民に対する名誉毀損罪に相当するのではないだろうか。

The Online Books Page
http://digital.library.upenn.edu/books

無料の電子図書館で
古典を原文で
読んでみる

　スティーブン・キングの中篇小説 *"Riding the Bullet"* を日本語に訳している知人から、原文の英語表現について幾つかメールで問い合わせを受けたことがあった。この小説は、インターネット上でしか出版されないということで、アメリカで大きな話題になっていたのだが、私はまだ読んでいなかった。早速、販売のサイト (http://www.simonsays.com/book/book_0743204670.html) からダウンロードし、該当部分の文脈を確認した上で返事のメールを出した。このプロセスに要した時間は30分にも満たず、電子テクノロジーの便利さにあらためて感心した次第だ。「電子文学」と言えば、まずスティーブン・キングのこの新しい小説を思い浮かべる人が多いだろうが、文学をただで読める電子図書館は、何年も前から盛んになっている。とりわけ立派なのは、1万1000もの作品がそろっているペンシルベニア大学の「*The Online Books Page*」である。

Author（著者名）や、Title（題名）、Subject（件名）などで検索ができ、読みたい作品を見つけ出すのは至って簡単だ。小説の場合、著作権という問題もあるので、当然、最近の作品より「古典的」なものが圧倒的に多いが、それでも英語の勉強になる楽しい読み物はたくさんある。たとえば、アガサ・クリスティのミステリーや、シャーロック・ホームズの物語など、一度読んでみれば、さほど難しくないことがわかり、原文で読む面白さも発見できるだろう。

　私は、たまたまこのサイトで日本の小説の英訳を見つけ、和文英訳の難しさと面白さをあらためて感じた。例えば漱石の『こころ』だが、訳者は当時シカゴ大学の教授だった Edwin McClellan。英題は、そのまま *Kokoro* である。訳者は考えあぐねた末、結局『こころ』は *Kokoro* のままにするしかないとあきらめたそうだ。単純に Heart にすればいいのではないかと思うかもしれないが、heart は「心臓」から「情」まで広い範囲の意味を含む言葉である。Heart という題名にしてしまったら、読者は、まず "The players showed good heart." のように、「元気」や、「勇気」、「熱心」など、『こころ』とはだいぶかけ離れたイメージを思い浮かべるだろう（「こころ」という日本語の意味に関して、McClellan は序文で小泉八雲が考えた "the heart of things" を引用して説明している）。

英語版『こころ』の冒頭部分はこうだ。

"I always called him "Sensei." I shall therefore refer to him simply as "Sensei," and not by his real name. It is not because I consider it more discreet, but it is because I find it more natural that I do so."

（原文：私はその人を常に先生と呼んでいた。だから此所でもただ先生と書くだけで本名は打ち明けない。これは世間を憚かる遠慮というよりも、その方が私に取って自然だからである）

ここでの「先生」も英語には適切な訳語がない。だから、訳者はこれを敢えてそのまま "Sensei" にして「フランス語の "maître" に近い」と注釈をつけているが、これは仕方がないだろう。全体として、McClellan の訳は落ち着きがあり、上品な文章になっている。「打ち明けない」と「世間を憚かる遠慮」が訳されていないように見えるかもしれないが、両方とも「思慮分別」を示す "discreet" という単語を用いる事で、上手くほのめかしてあるのだ。インターネットを利用すれば、たった￥270でスティーブン・キングの新作が手に入るのは有り難い。しかし、必ずしも新作ではないが、同じような言語的刺激を与えてくれる「*The Online Books Page*」の作品がすべて無料だというのは、かなり魅力的ではなかろうか。

Presidency 2000
http://www.politics1.com/p2000a.htm

テレビ時代のアメリカ大統領選挙、ゴア-ブッシュはともに "telegenic"

　アメリカの大統領選挙が話題となると、英語圏のマスコミは候補者に関して、"telegenic"（テレビうつりの良い）あるいは、その反対の "untelegenic" という言葉を頻繁に使う。この形容詞は、「写真うつりの良い」という意味で古くから使われている "photogenic" から派生したもので、'60年代あたりから流行りだした。

　その頃からアメリカの政治は完全にテレビ時代に突入して、大統領選挙も次第に一種の「不条理劇」の様相を呈してくる。共和党が、頭は空っぽだが弁だけは立つ元俳優、ロナルド・レーガンを操り人形として起用し大成功した'80年がそのピークであった。

　選挙も一幕の劇として観ると結構面白い（言うまでもなく、民主党・共和党の候補者は2人とも telegenic な男である）。この戦いをインターネットでゆっくりと、楽しく調べてみたい人には、アメリカの総合的政治サイト、*"Politics 1"* (http://www.politics1.com) の中にある *"Presidency 2000"* (http://www.politics1.com/p2000a.htm) を薦めたい。各候補者についての基礎的知識がわかりやすくまとめられ、関連サイト（パロディ・サイトや、批判的なサイトなども含め）へのリンクもかなり多い。

"Presidency 2000" 自体は、当選する可能性を解析する *"Analysis"* という欄がとりわけ日本人にとって勉強になるだろう。また、メジャー政党の候補者ばかりではなく、変わり者の多い *"Third Party & Independent Candidates"*（第三政党と無所属の候補者）も徹底的に紹介している。第三政党では、アルファベット順で、超保守主義の *"American Party"* からウルトラ左翼の *"Workers World Party"* まで、11ほどリストアップされている。一方、さらにマイナーな政党や無所属の候補者となると、これもまた数え切れないほど紹介が多い。

Analysis の例として、American Party の説明の一部を見てみよう。この政党の大統領候補者である Don Rogers については、こんなことが書いてある。

"He is a staunch supporter of state's rights and tighter immigration restrictions, opposes gun control laws, opposes the United Nations and a "one world" government, and is pro-life without exception. ....in 1992 ...he stated that although he considered himself a US citizen under the 14th

Amendment (which extended citizenship to former slaves), he described himself as a non-resident alien individual who held "white man's citizenship" and didn't have to pay any federal income taxes."

（彼は、州権と、移民制限の強化のゆるぎない支持者であり、ガンコントロールや国連、「世界統一」政府に反対し、胎児の生きる権利は例外なく絶対的なものだと主張している。……'92年の発言では、……［かつて奴隷だった人たちに市民権を与えた］憲法修正14条によって自分もアメリカ市民の一人になっていることは認めるが、実際は「白人市民権」をもつ一時滞在者であって、国税を払う義務などない、と主張したことがある）

わけのわからないことも言う Don Rogers だが、この一文には、ニュースでもよく耳にする表現が多い。たとえば、何か（もしくは誰か）をしっかりと、忠実に支持している人は、たいてい "a staunch supporter" と呼ばれたりする。この組み合わせは常套句である。また、妊娠中絶を反対する人々は "anti-abortion" という言い方が嫌で、この10年、自分のことを "pro-life" と呼ぶようになっている。一方、妊娠中絶権を支持する人々は、自分のことを "pro-abortion" ではなく、"pro-choice" と呼んでいる。これは、妊娠を中絶するかしないかは、妊婦本人に選択する権利があるべきだ、という理屈から生まれた表現である。

いずれにしても、ゴアとブッシュ・ジュニアのことをtelegenicであるだけで、これといった芯がないと思ってしまいがちなのだが、このサイトでマイナー政党のそれぞれの候補者をチェックしてみると、メジャー候補のこの2人は意外と魅力的に見えてくる。

Audiophile Audition
http://www.audaud.com
Top 10 Christmas Albums
http://www.eonline.com/Features/Topten/Yulecds/index.html

自分だけのクリスマス
CDをつくるなら

　12月に入ると、私は研究室や車の中で、音楽を流してクリスマスの雰囲気に浸っている。昔から気に入っているCDをよく使うのだが、新しくリリースされたクリスマス音楽も、毎年あらためて探してみる。そのとき、*Audiophile Audition*（オーディオマニア・オーディション）というE-zine（インターネット雑誌）が役立つ。毎年12月号では、クラシックと民族音楽を中心として、新しいクリスマスCDを紹介してくれるのだ。音楽に対するセンスが非常によく、信頼度の高い雑誌である。

　クリスマスの音楽ばかりではなく、*Audiophile Audition*は、毎月、ニューリリースのClassical CDs、Jazz CDs、Video DVDsなどを取り上げ、参考になるReviews（評）もついている。

　ところで、クリスマスCDと言えば、たまたまネットサーフィンをしている時に見つけた*"Top 10 Christmas*

Albums"（クリスマス・アルバム史上ベスト10）も薦めたい。これは、ワイドショー的な記事の多い "Eonline" (http://www.eonline.com) という総合エンターテインメント情報サイトの中にあった、音楽ライターの Steven Mirkin 個人が選んだ「ベスト10」なので、最初はいささか怪しいと思ったのだが、中身を見てみると、感心した。なんと言っても、このリストで1位となっている "A Christmas Gift for You from Phil Spector" (Various artists; Philles, 1963) こそ、私自身が前からまぎれもなくベストワンだと思っているアルバムなのだ。

各アルバムに関する Mirkin の紹介文は、感じのよい、参考になる英文が多い。たとえば、"A Christmas Gift for You from Phil Spector" についての紹介には、こんな部分がある。

"Despite all the imitators, *Christmas Gift* remains the undisputed champion. Why? Simple-the unalloyed sense of fun that fills the music. Spector's Wall of Sound production creates a cascade of over-the-top emotions using layers of guitars, keyboards and horns-all anchored by Hal Blaine's steady drumming."

（模倣者も多いが、"Christmas Gift" は依然として議論の余地のないチャンピオンだ。なぜか？ 答えは簡単だ。その理由は、この音楽にあふれる純粋な喜びだ。〔製作者の〕

スペクターの「音の壁」とも言える作品では、重層的なギターや、鍵盤楽器、ホーンが、ハル・ブレーンの堅実なドラムでしっかりと固定されており、あふれんばかりの感情が滝のように流れてくる）

　この短い文には、特に英語らしいと思える表現が3つある。まず、ここでは「純粋な」と訳した "unalloyed" だが、この言葉は "alloy"（合金）から派生したもので、unalloyed な金属は合金ではなく純粋だ、という理屈で、"He felt unalloyed relief."（彼は、すっかり安心した）のように、比喩的に使われる頻度がかなり高い。

　"cascade of over-the-top emotions" の "emotions" は「感情」であり、over-the-top は「度を超えた」や「常軌を逸した」といった感じで、通常「やりすぎ」のニュアンスが強いが、ここでは、明らかに著者がこれをよしとしている。また、そうした "emotions" が "cascade"（段々滝）のように流れてくる、という表現にも迫力がある。

　最後に、名詞としては「錨」という意味の "anchor" が、ここでは「しっかりと固定する」という意味の動詞として使われている。この動詞は「危ない（あるいは、よけいに変な）ところに流されないように」というニュアンスが強く、便利な言葉である。

　このように、Steven Mirkin の英文を読んで楽しく勉強するに越したことはない。しかしそれより、クリスマスが近

くなったら、とりあえず勉強を中断して、彼の *"Top 10 Christmas Albums"* を、好きな人と一緒に聴いてみるのがいちばん幸せなことだと思う。

Earth & Sky
http://www.earthsky.com

圧倒的なデータ量に感嘆！
ウェブに広がるバーチャルな
夜空の星を眺めつつ……

　東京の冬は確かに寒いが、嬉しいことに、夏場に比べると空気が澄んでいるので、大都会であっても昼間、富士山がくっきり見える日が多いし、夜空もきれいに見える。このところ、夜空の「観察」が習慣になっているが、残念ながら、まだ月や、惑星の動きを把握していない。

　天体観測の初心者である私が参考にしているのが *Earth & Sky* という優れたサイトの中にある *"Tonight's Sky"* だ。きれいなグラフィックと分かりやすい説明文で「今夜の空」の見所を教えてくれるこのコーナーは、毎日のワンポイントレッスンとなる楽しいウェブページである。

　たとえば、ためしに11月27日の *"Tonight's Sky"* を見たら、日没直後の東の空に木星と土星が描かれていた。説明文は以下のように始まる。

"Tonight, our planet Earth will fly between the outer planet Jupiter and the sun. Thus the giant planet appears opposite the sun in our sky—in a location called "opposition" by astronomers. In other words, Jupiter will rise in the east at sunset as the sun goes down this evening."

(今夜、地球は外惑星である木星と太陽との間を通る。従って巨大な木星は、太陽と正反対の位置〔天文学者がいう「衝(しょう)」〕に登場する。要するに、今晩ちょうど日没時、東の空に木星が昇ってくるわけだ)

　英語圏育ちの子どもに分かりやすい表現でありながら、大人にも決して幼稚な感じを与えない巧みな英文だ。そして、こんな文章が続く。

"It's a bold beacon in the night sky—up all night long. A look at Jupiter with binoculars might reveal four tiny 'stars' near the planet; these are Jupiter's four largest moons!"

(夜空の木星は、夜通し大胆な標識灯の役割を務めてくれる。双眼鏡を使えば、木星の近くに4つの小さな「恒星」が見えるかもしれない。これらは、実は木星の4つの最大の衛星なのだ)

"bold beacon" の "bold" は、面白い形容詞である。ここでは「大胆な」と訳すのが最も正確な表現だろうが、勇気や度胸というニュアンスがあり「挑戦的な」といった意味合いを持つ力強い形容詞なのだ。その上、「立派で目立つ」という感じも多少含んでいる。

　この説明文の中でも特に英語らしい表現は、"A look at

Jupiter with binoculars might reveal four tiny 'stars'....」だ。"look"（見ること）が主語になって、何かを "reveal"（見えなかったものを見えるように）するというのは、ごく自然な英語表現だが、そのまま和訳すると奇妙な日本語になってしまう。

文中の引用符号がついた "stars" は、star と「星」の違いを示している。木星の「4つの最大の衛星」は日本語で言う「星」であっても、通常英語で言う "star" ではないのだ。木星の衛星は "stars" に見えるだけで、太陽のようにみずから光を放つ "stars" とは違い、"moons" なのだということが、この引用符から汲みとれる。

ところで、お薦めは *"Tonight's Sky"* のコーナーだけではない。自然科学で解明されている現象を総合的に説明する *Earth & Sky* 全体が面白いのだ。アメリカのNPR (National Public Radio；NHKラジオに似たネットワークだが「のど自慢」風の番組はない) が、National Science Foundation（全米科学財団）と協力して作っている番組のオフィシャル・サイトである。文字を読みながら、音声も聴けるようになっている。また、"full-length articles"（長編記事）もなかなかの充実ぶりだ。先日たまたまその一つ、"Who Were the Neanderthals?"（かのネアンデルタール人は、どんな人たちだったのだろう）を興味深く読んだのだが、その時、私はアーカイヴを見て、記事の膨大な量に圧倒さ

れてしまった。

Encyclopedia Britannica Online
http://www.eb.com

万能にして迅速な
インターネット百科事典

　仕事上、もっとも頻繁に使っている「オンライン総合参考書」は、世界最大量の知識が収められているといわれるインターネット百科事典 *Encyclopedia Britannica Online* である。とりわけ、文章を書いているときや、何かの事実を確認したい場合、「なんでもある」といった感じのこのサイトの検索は迅速で、いつも感心する。

　ナポリの近くの活火山、ベスビオ山は確か1940年代にも大爆発があった、というかすかな記憶に自信を持てなくて確かめようとしたところ、数秒の検索で、間違いなく1944年にあった、ということを確認できた。おまけに、ベスビオ山の記事の下にあった Related Internet Sites（インターネット上の関連サイト）をクリックしてみると、Pompeii: a Lost City Revealed（ポンペイ：失われた都市の再現）という優れたマルチメディアサイトも見つけた（残念ながら、2003年4月現在は中止しているようだ）。

Encyclopedia Britannica Online は、こうした関連リンクが13万ほど揃っている。その上 *Merriam-Webster's Collegiate Dictionary* (http://www.m-w.com) という英英辞典がつながっているので、わからない言葉に出会った場合、クリック一つで意味が表示される、という利便性も備えている。

　しかし、使用するのには、登録して5500円ほどの「会費」（1年間分）を支払う必要がある。もし2週間無料の "free trial subscription" で *Encyclopedia Britannica Online* を使ってみても、やはり金がもったいない、と思うのなら、まったく無料の *Information Please* (http://www.infoplease.com) を試してみるとよい。このサイトに収められている膨大な数の参考書の中でも特に便利に思えるのは、Atlas（地図集）、Almanac（年鑑）、Encyclopedia（百科事典）、Dictionary（英英辞典）である。また、あらゆる分野と時代にわたって面白く書かれている Biography（伝記物）も豊富にある。

　たとえば、*Information Please* で "Tiger Woods" を検索すると、"Documents 1 to 10 of more than 100 documents found" というメッセージの下に、探し出された100以上のドキュメントの最初の10件の見出しが短い説明文付きで表示される。中から、"Tiger Woods Timeline"（タイガー・ウッズのキャリア年表）を選ぶと、出てくる情報は、こう始まる。

＊1976 Six Months（1976年、6カ月）Sees his father hitting golf balls into a net and begins to imitate his swing.（ゴルフボールをネットに向かって打っている父親の姿を見て、そのスイングを真似し始める）

＊1978 Age 2（1978年、2歳）Appears on the *Mike Douglas Show* and putts against comedian Bob Hope.（マイク・ダグラス・ショウ〔全米放送のテレビ番組〕に登場し、〔ゴルフ狂の〕コメディアンのボブ・ホープとパッティングの勝負をする）

＊1979 Age 3（1979年、3歳）Shoots a 48 over nine holes at the Navy Golf Club in Cypress, Calif.（カリフォルニア州サイプレス市のネイヴィー・ゴルフ・クラブで、9ホールを48ストロークでまわる）

＊1981 Age 5（1981年、5歳）Appears in *Golf Digest* magazine and on ABC's *That's Incredible*.（雑誌『ゴルフ・ダイジェスト』とABC〔テレビ〕の「ザッツ・インクレディブル！」に登場する）

　私がたまたまここではタイガー・ウッズを選んだのだが、ほとんどどんなものを検索しても、十二分に楽しめる英語教材が出てくる。たとえば、"Japan"を検索してみて、日本が英文でどのように紹介されているのかを確かめるのも面白いと思う。

インターネット英語講座

The Complete Bushisms
http://politics.slate.msn.com/features/bushisms/bushisms.asp

ブッシュならではの
お馬鹿な発言全集

　アメリカ独特の大統領選挙制度によって、共和党の元老の操り人形として立候補した「馬鹿息子」が当選してしまった当時は、この驚くべき事実をどう受け止めればよいか困惑したアメリカ人が大半だった。ブッシュ・ジュニアは、クリントンのような才気あふれる男ではなく、本来なら、せいぜいカントリークラブのカリスマ支配人として成功する、といった程度であり、アメリカ大統領になるような人間ではないのだ。

　この男が〝有望な候補者〟として話題になっていた頃、あきれ果てたアメリカの一流ジャーナリスト、Jacob Weisberg（ジェイコブ・ワイスバーグ）は、この〝有望な候補者〟の阿呆度をアメリカ国民に教えなければ、という義務感にかられ、一計を案じた。ブッシュ・ジュニアの実に馬鹿な発言を集めて出版することにしたのだ。

　この発言集がケッサクなのだ。現在はペーパーバックと

して市販されているのだが、私は、むしろ、毎週アップデートされているそのインターネット・ヴァージョンを薦めたい。

題名は、*The Complete Bushisms*（「ブッシュならではの発言全集」）である。

ワイスバーグ氏は、政治を中心とする、ちょっぴり辛口のウェブ雑誌、*Slate*（スレート）(http://slate.msn.com)の政治担当のチーフライターである。「ブッシュならではの発言全集」は、*Slate* のサイトとリンクされている。

もし、大学受験生が "Bushism" という英語を入試で出されたら、多くの人はこれを「ブッシュ主義」と誤解するかもしれないが、実は、"〜ism" は、言語関係にも頻繁に使われている。たとえば、Briticism（イギリス英語特有の語・語法）や、aphorism（格言）、witticism（警句）、malapropism（言葉のこっけいな誤用）などがある（ちなみに、「ブッシュならではの発言全集」には malapropism が多い）。

典型的な Bushism は、たとえば2000年の11月6日、アーカンソー州で発言した、

"They misunderestimated me."

（彼らは、僕を誤過小評価しました）

のようなものである。これはどうやら、misunderstand（誤解する）と underestimate（過小評価する）がブッシュ・ジュニア流に組み合わされたようなのだが、具体的な

意味は、まったく不明である。

　あるいは、こんなのもある。

＊"I know the human being and fish can coexist peacefully." (僕は確信してます：人間と魚とは平和共存できるんです；ミシガン州、2000年9月29日)

＊"It's clearly a budget. It's got a lot of numbers in it." (これは明らかに予算案となってます。数字がいっぱい入っているんです；ロイター通信、2000年5月5日)

＊"We'll let our friends be the peacekeepers and the great country called America will be the pacemakers." (我々は、……の仕事を同盟国に任せ、そして、このアメリカという偉大なる国は、……の仕事をします；テキサス州、2000年9月6日)

＊"Families is where our nation finds hope, where wings take dream." (家族たちというものは、我が国が希望を見つける場でもあり、翼が夢を広げる場でもあります；ウィスコンシン州、2000年10月18日)

　アメリカのマスコミでよく指摘されることだが、ブッシュ政権をいちばん楽しんでいるのは、全国のコメディアンたちである。毎日のように、大統領が新鮮なネタをタダで提供してくれそうだからだ。

Acknowledgements

Trying to write for publication in a foreign language is always a learning experience — often a highly stimulating one — but the good that comes from it is easy to forget on a day-to-day basis, when the experience is more likely to feel, if not thoroughly humiliating, at least more humbling than seems completely necessary. In the task of writing the essays that appear in this book, I have been lucky in having some especially understanding friends who were willing to share with me their understanding of the Japanese language and to teach me things about it that I might never have discovered on my own. For their remarkable kindness and generosity over the years, I would like to extend my deepest gratitude to 高見浩氏、関口時正氏、富田武子氏、and 佐藤信夫氏. Thank you all, once again, very much.

Mark Petersen

本書は「毎日新聞」(2002年5月28日、6月25日他)、「マンスリーM」、「ジェトロセンサー」(02年1月号、5月号)、「本の話」(98年7月号〜99年6月号、01年9月号〜02年12月号) などの発表原稿をもとに、加筆・構成したものです。

マーク・ピーターセン

アメリカ・ウィスコンシン州生まれ。コロラド大学で英米文学、ワシントン大学大学院で日本近代文学を専攻。80年、フルブライト留学生として来日、東京工業大学で正宗白鳥を研究する。現在、明治大学教授。著書に『日本人の英語（正続）』『心にとどく英語』（以上岩波新書）『痛快！コミュニケーション英語学』（集英社インターナショナル）等がある。

文春新書

326

英語の壁 —— The English Barrier

平成15年7月20日　第1刷発行

著　者	マーク・ピーターセン
発行者	浅 見 雅 男
発行所	株式会社 文 藝 春 秋

〒102-8008　東京都千代田区紀尾井町3-23
電話（03）3265-1211（代表）

印刷所	大 日 本 印 刷
製本所	矢 嶋 製 本

定価はカバーに表示してあります。
万一、落丁・乱丁の場合は送料小社負担でお取替え致します。

©Mark Petersen 2003 Printed in Japan
ISBN4-16-660326-4

発想の現場から 吉田直哉 255		
わが人生の案内人 澤地久枝 256		
平成娘巡礼記 月岡祐紀子 265		
常識「日本の論点」 『日本の論点』編集部編 271		
植村直己 妻への手紙 植村直己 275		
結婚の科学 木下栄造 278		
勝つための論文の書き方 鹿島 茂 295		
なぜ日本人は賽銭を投げるのか 新谷尚紀 303		

◆アートの世界

脳内イメージと映像 吉田直哉 006		文楽の女たち 大谷晃一 228
アメリカ絵画の本質 佐々木健二郎 020		オモロイやつら 竹本浩三 259
丸山眞男 音楽の対話 中野雄 024		個人美術館への旅 大竹昭子 272
エルヴィス・プレスリー 東 理夫 029		春信の春、江戸の春 早川聞多 274
近代絵画の暗号 若林直樹 031		宝塚 百年の夢 植田紳爾 277
美のジャポニスム 三井秀樹 039		ウィーン・フィル 音と響きの秘密 中野 雄 279
聖母マリア伝承 井上一馬 061		「演歌」のススメ 藍川由美 282
ブロードウェイ・ミュージカル 中丸 明 069		音と響きの秘密
演奏家篇 宇野功芳／福島章恭／許 光俊 116		
クラシックCDの名盤 宇野功芳／中野雄／福島章恭 132		
クラシックCDの名盤 宇野功芳／中野雄／福島章恭		
ジャズCDの名盤 中山康樹 139		
能の女たち 杉本苑子 149		外国映画ぼくの500本 松崎哲久 287
現代筆跡学序論 魚住和晃 171		劇団四季と浅利慶太 双葉十三郎 313
「はやり歌」の考古学 倉田喜弘 194		
バレエの宇宙 佐々木涼子 205		
京都 舞妓と芸妓の奥座敷 相原恭子		

文春新書

◆文学・ことば

「吾輩は猫である」の謎	長山靖生	009
これでいいのか、にっぽんのうた	藍川由美	014
日本語と韓国語	大野敏明	233
愛と憎しみの韓国語	辛 淑玉	245
尾崎 翠	群ようこ	016
清張ミステリーと昭和三十年代	藤井淑禎	033
面白すぎる日記たち	鴨下信一	042
江戸諷詠散歩	秋山忠彌	058
広辞苑を読む	柳瀬尚紀	081
江戸川柳で読む平家物語	阿部達二	121
翻訳夜話	村上春樹 柴田元幸	129
こどもの詩	川崎 洋編	135
「歳時記」の真実	石 寒太	143
知って合点、江戸ことば	大野敏明	145
「夢」で見る日本人	江口孝夫	151
大和 千年の路	榊 莫山	158
漢字と日本人	高島俊男	198
宮廷文学のひそかな楽しみ	岩佐美代子	202
21世紀への手紙	文藝春秋編	208
梁塵秘抄のうたと絵	五味文彦	220
「書く」ということ	石川九楊	246
危機脱出の英語表現501	林 俱子	257
文豪の古典力	島内景二	264
江戸川柳で読む忠臣蔵	阿部達二	286
日本語の21世紀のために	丸谷才一 山崎正和	288
わたしの詩歌	文藝春秋編	289
松本清張の残像	藤井康栄	290
語源でわかった！英単語記憶術	山並陸一	296
会話の日本語読本	鴨下信一	307

◆考えるヒント

孤独について	中島義道	005
種田山頭火の死生	渡辺利夫	008
生き方の美学	中野孝次	018
性的唯幻論序説	岸田 秀	049
誰か「戦前」を知らないか	山本夏彦	064
愛国心の探求	篠沢秀夫	072
カルトか宗教か	竹下節子	073
あえて英語公用語論	船橋洋一	122
百年分を一時間で	山本夏彦	128
小論文の書き方	猪瀬直樹	165
気づきの写真術	石井正彦	178
民主主義とは何なのか	長谷川三千子	191
ユーモア革命	阿刀田 高	197
百貌百言	出久根達郎	199
寝ながら学べる構造主義	内田 樹	251
やさしいお経の話	小島寅雄	253

文春新書7月の新刊

英語の壁 ——The English Barrier
マーク・ピーターセン

英語まがいの奇妙な"英語"。首をひねりたくなるヘンな"日本語"。二つの言語を行き来する著者が考える「英語の現実、日本語の将来」

326

中国ビジネスと情報のわな
渡辺浩平

相次ぐ中国での日本企業の不祥事。マスメディアや消費者運動のバッシングを避け、中国で企業として市民権を得るための戦略とは？

327

世界一周の誕生 ——グローバリズムの起源
園田英弘

「八十日間世界一周」は、いかにして可能となったか。汽船と鉄道の発達で人・モノの流れが丸くなった時代を当時の人々の視線で描く

328

森林浴はなぜ体にいいか
宮崎良文

木の香りや感触、小川の音などで血圧が下がったり脳活動が鎮静することを実験でつきとめ、自然が生体をリラックスさせる様を見る

329

翻訳夜話2　サリンジャー戦記
村上春樹・柴田元幸

サリンジャー『キャッチャー・イン・ザ・ライ』の新訳を果たした村上春樹が翻訳仲間・柴田元幸と、その魅力・謎の全てを語り明かす

330

文藝春秋刊